COUVERTURE SUPÉRIEURE ET INFÉRIEURE
EN COULEUR

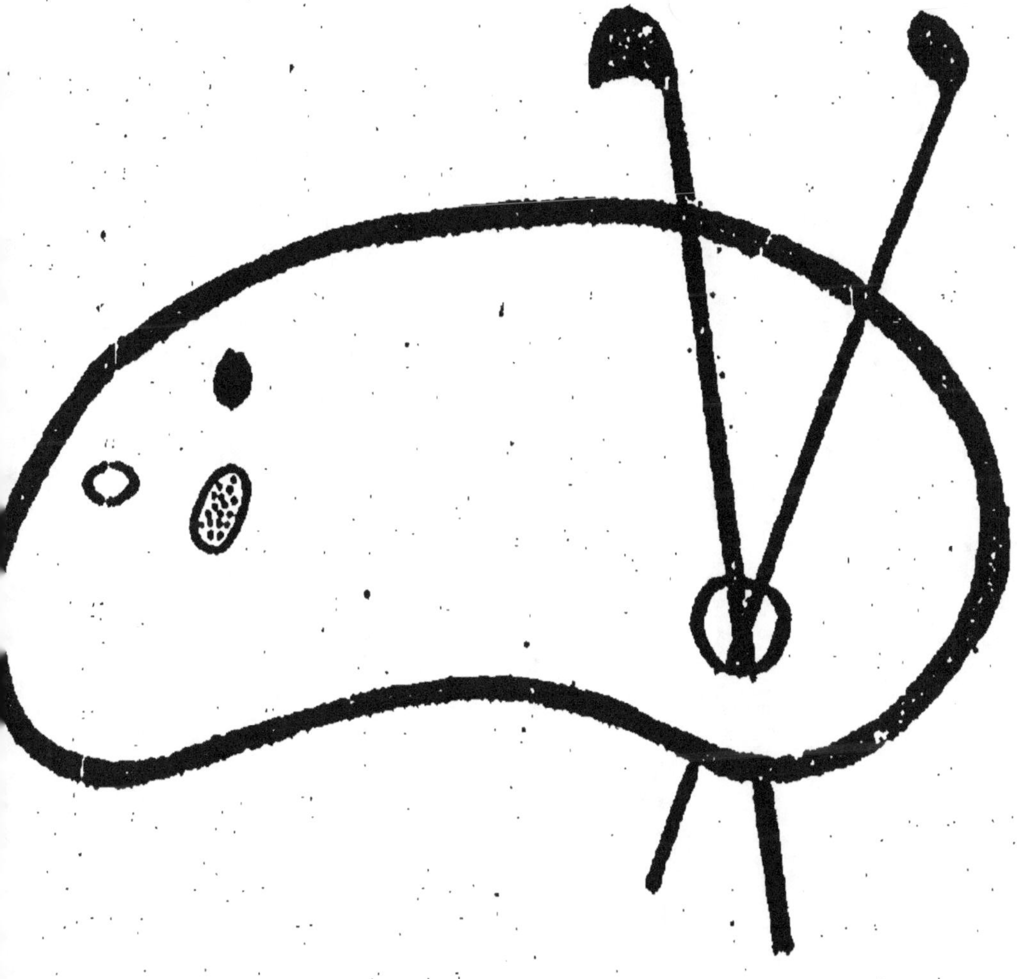

ÉTUDE

SUR LA

SITUATION ÉCONOMIQUE

DES

ANTILLES FRANÇAISES.

Paris. — Imprimé par E. Thunot et C⁣ᵉ, 26, rue Racine.

ÉTUDE

SUR LA

SITUATION ÉCONOMIQUE

DES

ANTILLES FRANÇAISES

PAR

J. DE CRISENOY.

———∞∘¦∘∞———

PARIS

GUILLAUMIN ET C°, LIBRAIRES,

Éditeurs du Journal des Économistes, de la Collection des principaux Économistes,
du Dictionnaire d'économie politique, etc.

Rue Richelieu, n° 14.

1860

I.

A côté de cette fièvre d'inventions et de productions qui caractérise notre siècle et qui, au premier abord, a quelque chose d'éblouissant et d'effrayant à la fois pour l'existence et pour la prospérité des sociétés, il y a un fait qui rassure et donne confiance dans l'avenir : c'est le développement des travaux intellectuels sur ces matières. A chaque instant on voit apparaître des articles de journaux, des brochures, de volumineux ouvrages qui traitent des lois sociales et économiques. C'est la science venant au secours de l'art pour éclairer sa marche et consolider ses bases chancelantes.

Au milieu des publications de ce genre il y a bien des théories absurdes, bien des rêves creux qui s'évanouissent devant la lumière des faits en ne laissant, souvent, hélas, que des ruines, sur la route qu'ils ont suivie. Mais peu à peu la lumière se fait, les vrais principes se déga-

1

gent du chaos et se fixent. C'est encore l'enfance de l'art ; Mais les quelques pas qui auront été l'œuvre de notre génération serviront de point d'appui au travail des générations futures. Chacun apporte une pierre qui contribue à la construction de l'édifice.

Chaque nation, chaque peuple a choisi, pour objet de ses études, parmi les branches qui constituent la science sociale, celle qui était le plus en rapport avec ses instincts. L'esprit français vif, mobile et naturellement porté à tout ce qui est d'imagination, a eu pendant longtemps une tendance malheureuse vers les théories abstraites manquant de l'appui solide de faits étudiés avec patience. Il a dédaigné trop souvent la pratique pour attaquer les hautes questions sociales ; nos voisins d'outre-Manche qui ont l'esprit plus positif ont agi différemment et on ne peut nier que, s'ils ont suivi, sous certains rapports, bien des routes fausses et trompeuses, ils ne nous aient devancés de beaucoup en ce qui touche à la richesse de leur pays ; l'inégalité de distribution est plus grande chez eux que chez nous et donne naissance à cette plaie du paupérisme qui la dévore. Mais avec des ressources inférieures aux nôtres l'Angleterre produit beaucoup plus que nous. Ne soyons pas absolus. Étudions ses erreurs pour les éviter, mais étudions en même temps les éléments de sa prospérité pour en profiter.

Or cette prospérité a pour base ce double principe : 1° que la richesse d'un pays vient de sa production ; 2° que sa production croît en proportion de ses débouchés. Chercher partout des débouchés pour augmenter la production, telle est la conséquence que les Anglais ont tirée, tel est le système qu'ils ont toujours pratiqué sur une large échelle et que nous autres Français nous n'avons jamais assez compris. Les Anglais se sont faits les marchands du monde. Partout ils ont établi des comptoirs et fondé des colonies qui ont prospéré parce qu'ils s'en occupaient. Tandis que la plupart des nôtres n'ont fait que végéter et nous être à charge.

En France, à l'exception du gouvernement et des négociants des ports, qui est-ce qui s'occupe des colonies? Sur les 36 millions de Français, combien y en a-t-il qui savent ce qui s'y passe? Que sont-elles pour les débouchés des produits de notre sol? Dans le tableau du commerce général d'exportation de la France, en 1856, elles figurent pour moins de trois centièmes.

Depuis plusieurs années elles se débattent au milieu de difficultés sans nombre provenant des changements produits dans leur organisation intérieure par l'abolition de l'esclavage. En ce moment deux d'entre elles sont en proie à des crises monétaires qui ébranlent leur commerce, et, je le répète, à l'exception des créoles, à l'exception des commerçants qui ont des rapports directs avec elles et qui en souffrent, à l'exception du ministre des colonies, personne ne s'en préoccupe, personne ne s'en doute.

Deux brochures lues par bien peu de personnes, deux articles de revue bien succincts lus à peine par les économistes, voilà tout ce qui a paru. Il s'agit cependant de la *Martinique* et de la *Guadeloupe* qui sont placées en sentinelles avancées en face de ce nouveau monde, aux peuples naissants et au sol vierge, et au milieu de cette couronne des Antilles dont elles ne sont pas les moins brillants fleurons, et dont presque chaque île est une source de richesses pour sa métropole ; jusqu'à ce rocher stérile de Saint-Thomas dont le Danemarck a su faire aussi une mine d'or.

L'opinion, en France, a eu des périodes d'engouement pour la colonisation, mais peu d'esprit de suite, peu de persévérance, parce que l'esprit commercial et industriel n'était pas assez répandu dans les masses pour qu'elles vissent la liaison intime qui unissait leur prospérité à celle des colonies. Nous allons essayer de mettre rapidement nos lecteurs au courant de ce qui se passe dans ce monde qui leur est inconnu?

Après avoir examiné la situation actuelle de nos colonies des Antilles, nous passerons en revue ce qui a été écrit dernièrement sur les difficultés dont elles cherchent en vain à se dégager. Puis nous examinerons quel peut être l'avenir des colonies et comment on peut tenter de leur assurer cet avenir.

II.

Le caractère distinctif de toute colonie consiste dans
l'absence d'une existence propre et indépendante, car
une colonie qui peut vivre par elle-même ne tarde pas
à s'affranchir de sa métropole et cesse d'être colonie.
L'histoire nous offre bien des exemples de ce fait. Ce
défaut d'existence propre tient principalement à l'insuffisance ou à l'absence complète de certains éléments
sociaux et souvent aux petites dimensions du territoire.
La première de ces causes varie suivant le climat du
pays, suivant son éloignement de la métropole, suivant
l'esprit et le caractère du peuple colonisateur. On a dit
souvent que les Français ne sont pas colonisateurs, et
cela est vrai en ce sens que les Français sont plus que
tout autre peuple attachés à leur sol, au clocher de leur
village. L'Anglais se trouve bien partout, il semble que
le monde soit sa patrie ; il part pour une entreprise, il

emmène femme, enfants, sa maison, en un mot *his home.*
Le Français, au contraire, regarde toujours l'éloignement de la France comme un exil. Le créole lui-même,
l'enfant des colonies, se tourne sans cesse vers la France,
surtout depuis que la vapeur a raccourci les distances
et que la traversée, pour ce qui regarde les Antilles,
n'est plus qu'une question d'argent. Il y a un fait bien
positif maintenant, c'est que les personnes qui restent à
la Martinique et à la Guadeloupe, sans y être fixées par
un intérêt de famille ou d'argent, sont en très-petite
minorité. Il y a de grands propriétaires d'habitations
qui ont compris qu'après la crise de 1848, l'œil du
maître était nécessaire pour organiser leur production
sur un nouveau pied, mais quoique leur nombre augmente depuis quelques années, il n'est encore que trop
restreint, et la plupart de ceux qui ont pris courageusement leur parti se regardent là comme en camp volant
et jusqu'à ce que leur habitation, mise en bon état et
pourvue d'un nombre suffisant de travailleurs, puisse être
confiée à un régisseur intelligent et sûr. Cet état de
choses existait beaucoup moins quand les communications étaient moins faciles; il existe beaucoup moins à
la Réunion qui est plus éloignée de la métropole. Entrez
dans une habitation à Bourbon, vous y trouverez le confortable, le luxe même; tandis qu'aux Antilles, à la
Martinique surtout, vous trouverez quelque chose res-
semblant plutôt à un campement qu'à une maison d'habitation. Il y a là un cercle vicieux, une cause qui
devient un effet et réciproquement. On ne se fixe pas
aux colonies parce qu'on n'y trouve pas le confortable,

qui fait le charme de la vie, et on ne s'y crée pas de confortable parce qu'on ne songe pas à s'y fixer. Le résultat est que toute la partie des revenus qui n'est pas strictement nécessaire à la vie matérielle, au lieu de se capitaliser dans le pays, émigre en France pour ne plus reparaître ; c'est que le créole, qui ne peut songer à se fixer définitivement en France, économise pour venir y faire un voyage, ou pour y faire élever ses enfants. C'est la France qui récolte les fruits des travaux des colonies, et celles-ci restent toujours pauvres et semblables à un homme qui, travaillant toute sa vie pour le compte d'autrui, n'en retire que juste le nécessaire pour ne pas mourir de faim.

Cette absence d'existence confortable dans nos colonies de l'Atlantique et le voisinage de la métropole, produisent encore d'autres effets : le pays ne renfermant pour ainsi dire que des personnes travaillant pour faire fortune et s'en aller, il y a beaucoup de gens ayant besoin de capitaux, et très-peu en ayant d'inoccupés ; en un mot, il y a très-peu de capitaux disponibles. Il en vient peu de France à cause du risque provenant des guerres et de l'éloignement, et s'il en venait, ce ne serait que sous l'influence d'une rémunération plus forte que celle qu'ils pourraient obtenir en France. Or, les capitaux étant une marchandise comme une autre, la rareté en augmente le prix, qui est donc nécessairement plus élevé dans les colonies qu'en France, et, à cela, il n'y a en réalité aucun remède. On peut diminuer les oscillations d'un marché, mais on ne peut faire baisser la moyenne des prix que par une augmentation de l'offre, et il n'y a aucune puissance qui puisse faire abonder de force des capitaux sur un marché lorsqu'ils n'y sont pas attirés. Je dirai même plus, il n'y a aucune puissance humaine, aucun règlement d'administration monétaire, qui puisse empêcher les capitaux de s'enfuir, car un capital n'est pas de l'argent ; s'il en prend quelquefois la forme, c'est momentanément pour passer d'un emploi à un autre ; et si j'emploie 100,000 fr. à acheter du sucre, personne ne pourra m'empêcher de l'emporter en France pour l'y vendre, et d'y transporter ainsi mon capital.

Ainsi les particularités de l'état social et économique des colonies, dont nous nous occupons, sont celles-ci : absentéisme, rareté et prix élevé des capitaux, absence de la classe moyenne et de celle des capitalistes proprement dits, c'est-à-dire de ceux qui ne font pas valoir leurs capitaux eux-mêmes.

Lors de l'abolition de l'esclavage, une grande quantité de capitaux furent détruits par suite des excès que commirent les nouveaux affranchis, et la suspension de travail qui en fut la suite, tandis que le payement des salaires en exigeait une plus grande quantité sous forme de monnaie ; néanmoins, l'indemnité aidant, le taux de l'argent se maintint à 10 ou 12 p. 100 ; mais le gouvernement voulut profiter du payement de cette indemnité pour organiser, dans chaque colonie, une banque de circulation, ayant pour but de diminuer le taux de l'intérêt, et de fournir des capitaux à bon marché au commerce par l'escompte de son papier, et à l'agriculture par des prêts sur récolte. Mais il devait arriver ceci, ou que cette banque fonctionnerait en dehors des lois naturelles de toute société de crédit pour donner à ses actionnaires un intérêt égal à l'intérêt normal du pays, ou que, fonctionnant régulièrement, ce seraient les actions qui recevraient un intérêt inférieur au taux courant, ce qui les ferait baisser d'autant, et constituerait, en réalité, une perte pour les actionnaires.

L'organisation des banques coloniales présentait donc de grandes difficultés, qui se résumaient dans la conservation de la partie métallique de leurs capitaux, autrement dit de leur encaisse qui, vu la différence entre le prix des capitaux prêtés par la banque et leurs prix courant, devait être ou ruineuse et même impossible, ou illégale. Depuis 1828, les états émanés des douanes établissent un solde plus ou moins important que les colonies des Antilles ont dû payer en espèces. Mais ce solde qui révèle une circulation très-mobile et des besoins monétaires très-grands, n'a, selon toute apparence, aucun rapport avec la véritable balance commerciale de ces colonies qui renferme beaucoup d'éléments étrangers au service de la douane. Ainsi, tandis que d'un côté toute production transportée et vendue en France ne donne pas lieu à une importation correspondante si elle y est consommée, d'un autre côté, tout produit consommé dans la colonie par un étranger, ou échangé contre de l'argent provenant de l'extérieur, équivaut à une exportation, quoiqu'elle ne paraisse pas sur les registres de la douane. Un créole qui a mille francs de rente sur l'État, et qui les consomme dans le pays, produit par le fait une exportation de 1,000 fr. qui ne correspond à aucune importation. Il peut donc très-bien arriver qu'un pays ayant une balance commerciale contraire suivant les états de la douane, ait en réalité une balance commerciale équilibrée, et même favorable.

D'un autre côté, ce solde qui, pour la Martinique seulement, était en 1852 de 14 millions payés en espèces, avait une source quelconque d'échanges. On ne peut admettre qu'il fût tiré des réserves monétaires d'un pays dont la circulation ne devait guère dépasser six millions.

Ce courant considérable de numéraire, sortant du pays, supposait un contre-courant y entrant, et ce contre-courant ne pouvait être établi que par une prime qui attirât les monnaies, et couvrît au moins les frais nécessaires à leur importation. C'est ce qui existait, en effet, par l'intermédiaire d'un rouage ingénieux et indispensable aux yeux de ceux qui le faisaient fonctionner et qui en profitaient, mais ruineux pour le pays.

En 1798, sous la domination anglaise, le général Keppel, se basant sur le rapport de $\frac{1}{10}$ entre l'argent et l'or et sur le titre du quadruple espagnol qui, en 1772, valait 85,45 et 83,93 jusqu'en 1786, fixa le taux légal du doublon à 86,40. Ce taux fut toujours conservé quoique les quadruples frappés depuis n'eussent plus renfermé dans le même poids que 875 millièmes de fin au lieu de 901 et 917 millièmes que renfermaient les premiers.

Ces doublons ne valent donc en réalité que 81,50, et les piastres, qui ont subi une altération semblable, ne valent plus que 5 fr. 10 à 5 fr. 20 (1). Tels sont les cours

(1) Ces renseignements, tirés de la brochure de M. Basiege, sont conformes à ceux fournis par M. Courcelle-Seneuil.

de ces monnaies à la Côte-Ferme et sur tous les points du golfe du Mexique. Aux États-Unis, le doublon indépendant s'échange contre 15 dollars ou 15 dollars $\frac{3}{4}$, et pour sa valeur intrinsèque ou à peu de chose près à Londres et à Paris, où il ne fait que traverser la circulation avant d'arriver au creuset des hôtels des monnaies.

Il résultait de ce surhaussement légal du doublon et de ses sous-multiples dans nos colonies des Antilles qu'acheté 81 ou 82 fr. dans les pays environnants, il venait s'échanger contre quatre pièces de 20 fr. qui le valent à peu de chose près, et qui au Venezuela, par exemple, sont prises indifféremment pour lui, avec un bénéfice net de 6 fr. 40 c. pour l'importateur au détriment, non pas du vendeur qui n'en souffrait pas personnellement, mais de la colonie lorsque l'importateur était un étranger. Il résultait de cette prime énorme, accordée par la loi, que la circulation des Antilles françaises se trouvait presque entièrement composée de doublons et de ses sous-multiples, et que le numéraire français importé par le gouvernement pour solder ses dépenses, et par le commerce, ne faisait que passer dans le pays, lui laissant à la sortie une perte de 6 à 7 pour 100.

En outre, introduit dans ces conditions, le doublon avait le grave inconvénient de ne pouvoir servir qu'imparfaitement aux différents emplois du numéraire.

Pour 1852, par exemple, ces emplois se répartissaient de la manière suivante :

Impositions . . . .   2,500,000 fr.
Soldes en espèces pour cargaisons
  étrangères.   3,000,000
Soldes en espèces pour cargaisons
  françaises. 11,000,000
                     TOTAL. 16,500,000

Le payement des impositions était le seul auquel le doublon pût être employé sans perte réelle. Car pour les cargaisons étrangères sa valeur nominale de 86 fr. 40 c. n'était que fictive; il est évident, en effet, qu'un capitaine marchand, obligé de prendre en payement une monnaie surhaussée, élevait le prix de sa cargaison de manière à se couvrir de la perte qu'il devait éprouver en revenant dans son pays. Quant au troisième emploi il était complétement impossible, et par rapport à la France le doublon était une monnaie véritablement inexportable.

Ainsi, en admettant même la possibilité des deux premiers emplois, le doublon n'aurait jamais dû entrer pour plus de moitié dans le chiffre de la circulation, tandis qu'il y entrait pour les cinq sixièmes ou les deux tiers au moins. Il en résultait une surhausse de la monnaie française qui manquait sur le marché dans les moments où elle y était demandée pour suppléer aux traites.

Nous avons dit qu'un des principaux écueils qui menaçaient l'existence des nouvelles banques consistait dans la difficulté de fournir à bon marché l'argent dont le commerce avait sans cesse besoin. Au lieu de poser la question de cette manière, ce qui aurait démontré l'impossibilité du taux d'escompte à 6 pour 100, les banques coloniales, espérant surmonter les difficultés qui les environnaient et arriver à une solution, avaient posé le problème ainsi : Comment pourrions-nous ne. pas fournir d'argent au commerce sans compromettre notre existence? Et M. Pelletier de Saint-Remy nous indique le moyen qu'on avait trouvé pour protéger leurs encaisses et par suite leurs circulations. Il consistait à offrir des doublons à ceux qui avaient besoin d'argent français et de l'argent français à ceux qui avaient besoin de doublons. Il faut avouer que ce moyen, bon à employer exceptionnellement pour parer à une crise, est singulier lorsqu'il devient une règle et la loi normale d'institutions fondées pour l'utilité du commerce. En outre, il n'était bon que jusqu'au moment où le prix des traites venant à égaler la perte subie par le doublon exporté en France, celui-ci pût être employé indistinctement pour toutes les remises. Ce préservatif était donc très-éventuel et menaçait de laisser les banques dans le plus grand embarras lorsqu'un événement indépendant de leur organisation vint suspendre pour elles les effets d'une pareille situation.

Quelques années après l'émancipation, l'importation des monnaies d'or étrangères, et l'exportation des monnaies françaises raréfièrent à un tel degré la monnaie d'argent à la Martinique que les habitants furent réduits à payer les travailleurs en petits bons qu'ils échangeaient ensuite contre de l'or, lorsqu'il s'en trouvait une quantité suffisante réunie dans la même main.

Cette situation n'était pas tolérable et le contre-amiral comte de Gueydon, nouvellement investi des fonctions de gouverneur, résolut de couper le mal à sa racine en arrêtant cette substitution du numéraire étranger au numéraire français, substitution qui privait le pays d'une circulation intérieure appropriée à ses besoins en lui imposant une perte de 6 pour 100 sur toutes ses transactions avec l'étranger. Le 23 avril 1855, parut un décret qui démonétisait le doublon et ne lui laissait plus que sa valeur commerciale. En même temps on créait, pour parer momentanément à la pénurie de petite monnaie, un million de bons ayant leur contre-valeur dans les caisses du Trésor et ne pouvant guère gêner une circulation de 6 millions.

Toutes ces mesures étaient en elles-mêmes très-inoffensives et très-rationnelles, mais elles ne produisirent pas le résultat espéré, car d'un côté l'attente de ce décret et la crainte d'une baisse subite des doublons avaient arrêté leur importation et il en était résulté une crise monétaire : l'argent français était à 7 p. 100 de prime et le lendemain de sa démonétisation le doublon montait au taux correspondant, c'est-à-dire à 88 fr.

D'un autre côté, les bons de caisse, étant un papier-monnaie à cours forcé, pouvaient entrer comme métal dans les caisses de la banque et lui servaient de préservatif contre des remboursements considérables. Les bons de caisse étant tout aussi inexportables que les billets de banque, le remboursement devenait un article illusoire des statuts, et comme à ce moment la circulation de la banque était de 2,500,000 fr., le décret qui créait les bons de caisse, créait sans s'en douter 3,500,000 fr. de monnaie inexportable. Dans la saison de l'expédition des sucres et de l'émission des traites, cette situation pouvait ne pas être très-gênante, mais dans la saison morte, le taux de l'argent et celui des traites devenant d'autant plus élevés que les doublons étant rentrés dans la loi commune et ne jouissant plus que d'une prime égale à celle des autres monnaies, étaient redevenus tout aussi exportables qu'elles et s'étaient enfuis à leur tour pour solder l'excès des importations.

Il y avait certes là bien des résultats inattendus, et cependant tout cela n'était encore que demi-mal auprès d'une dernière conséquence qui allait surgir ; tant, sur cette pente, les faits naissaient les uns des autres et se succédaient avec rapidité.

Non-seulement la banque ne remboursa plus ses billets, mais elle absorba dans ses coffres tout ce qu'elle put ramasser de ces bons de caisse créés pour l'agriculture et non pour donner à une maison de commerce le droit de ne pas payer ses dettes. Puis n'ayant plus le frein du remboursement, elle se laissa entraîner peu à peu par le courant de ses escomptes. Le baromètre sur lequel toute banque de circulation doit sans cesse avoir les yeux fixés ne fonctionnait plus pour elle ; il marquait toujours le beau temps quand, en réalité, il aurait dû pronostiquer la tempête.

La banque de la Martinique qui, avec 2,000,000 de circulation, à la fin de 1854, avait toutes les peines du monde à maintenir son encaisse, ne craignait pas d'augmenter peu à peu le chiffre de ses billets, et arrivait à le tripler en cinq ans.

La Martinique a, en ce moment, une circulation de papier de plus de 7,500,000 fr. ; ce qui, joint à un million au plus de numéraire circulant, porte la circulation totale à 8,500,000 fr. , tandis que la circulation nécessaire aux besoins de la Colonie était évaluée anciennement à 6,000,000 de francs, et peut être maintenant de 7,000,000 , vu les besoins nouveaux produits par l'émancipation. Il en résulte que les 8,500,000 francs actuels ne valent en réalité que 7,000,000 , et comme l'argent ne peut se déprécier isolément dans un pays à cause de la faculté qu'il a de s'exporter, la dépréciation ne porte que sur le papier qui a dû perdre 20 p. 100 de sa valeur. En réalité, jusqu'ici, la dépréciation n'a pas dépassé 15 p. 100, mais on comprend que les évaluations de circulation ne sont jamais qu'approximatives, et que nous n'avons pas la prétention de poser des chiffres rigoureusement exacts.

Il y a encore cette différence entre l'ancienne et la nouvelle circulation, c'est que la première pouvait se prêter à tous les besoins du commerce, tandis que la seconde, immobilisée dans le pays, ne peut servir qu'aux échanges intérieurs et au payement des impôts.

Il est facile de comprendre que tant que cet état de choses durera, la prime qui frappe toutes les valeurs exportables ne pourra s'abaisser d'une manière définitive ; et le mieux qui peut se produire au moment de l'expédition des sucres ne peut être que passager et suivi d'une nouvelle crise.

Nous nous occupons spécialement ici de la Martinique parce que c'est elle qui souffre le plus de la crise actuelle. La Guadeloupe est moins écrasée par la circulation du papier qui, en 1858, n'atteignait pas encore

4,000,000. Quant à la Réunion elle est dans des conditions tout à fait différentes. Elle n'a pas de bons de caisse. Sa circulation se compose d'un grand nombre de monnaies provenant de son commerce avec l'Inde et les pays qui l'environnent. L'argent y est par moment à un taux assez élevé, mais il paraît que la Banque rembourse largement ses billets au moyen des espèces qu'elle achète au dehors, et ne recule devant aucun sacrifice pour remplir ses engagements.

Nous compléterons cet examen rapide de la situation des Antilles en jetant un coup-d'œil sur les écrits qui depuis un an ont traité cette question.

NOTA. — Nous trouvons dans l'enquête de 1828, présidée par le ministre du commerce et des manufactures, un document assez curieux.

M. de Jabrun, propriétaire à la Guadeloupe, est interrogé par le ministre sur le taux de l'argent dans cette colonie; il fait les réponses suivantes :

Le taux commun est à 1 1/2 par mois. Il a peu varié depuis 1816; également il est venu à 1 p. °/₀ à l'époque où une banque a été établie à la Guadeloupe.

D. A combien cette banque prête-t-elle?

R. A 9 p. °/₀ par an.

D. Quelles sont les contre-valeurs?

R. Deux bonnes signatures.

D. La banque admet-elle directement la signature des propriétaires, ou ceux-ci doivent-ils passer par l'intermédiaire des négociants?

R. On admet les signatures des propriétaires.

D. Une banque prêtant à 9 p. °/₀ par an, a dû notablement amé-

2

liorer la condition du producteur, dans une colonie o[ù]
vous dites que l'intérêt courant serait de 18 p. °/o ?

R. Elle aurait pu rendre de grands services, sans doute, mai[s]
elle avait suspendu ses payements à l'époque de mon départ il y a cinq ou six mois.

D. Comment expliquez-vous qu'une banque qui prête à 9 p. °/[o]
puisse faire mal ses affaires ?

R. *Elle a émis trop de billets dans le principe et le numéraire lu[i]
a manqné.*

III.

Le premier ouvrage qui se présente à nous est celui de M. Pelletier de Saint-Remy, agent central des banques coloniales, et par conséquent leur défenseur naturel. A ses yeux, la cause du mal est : 1° dans la démonétisation du doublon qui, en établissant un barrage à l'importation de cet élement indispensable à la circulation coloniale, a mis les banques dans l'impossibilité de rembourser leurs billets ; 2° dans la création des bons de caisse, qui a été la conséquence de la démonétisation du doublon ; 3° dans l'immixtion continuelle de l'autorité dans l'administration de la banque.

M. Pelletier de Saint-Remy paraît envisager la première partie de la question beaucoup plus au point de vue des banques qu'au point de vue de l'économie générale du pays.

Il est sûr que la démonétisation du doublon enlevait

aux banques le moyen de limiter les demandes de remboursement par l'offre d'une monnaie qui ne pouvait servir à l'emploi auquel on la destinait. Encore cet avantage était-il limité par la prime des traites et de l'argent français. En réalité, cette mesure avait pour effet de forcer les banques à alimenter continuellement leur encaisse avec de l'argent français, et à supporter les frais considérables nécessités par cet approvisionnement.

Mais en cela, les banques coloniales restaient dans la position de toutes les banques de circulation qui ont pour mission non pas de créer une monnaie inexportable, mais de donner à la circulation intérieure un instrument d'échange qui ne coûte rien, à la condition de fournir le numéraire nécessaire aux besoins de l'exportation. C'est ainsi qu'en France, à la suite de la mauvaise récolte de 1846, la Banque fournit, par le remboursement de ses billets, l'argent destiné à l'achat des blés à l'étranger, et que plus tard, lorsqu'en 1848, l'argent disparut de la circulation, elle acheta 25 millions de lingots en Angleterre et 50 millions en Russie pour pouvoir combler, par ses remboursements, le vide qui s'était produit, et cependant à ce moment la Banque de France avait le droit de ne pas rembourser ses billets. M. Courcelle Seneuil nous apprend qu'avant l'établissement des succursales, et lorsque les billets ne circulaient pas encore dans l'intérieur de la France, la Banque voyait chaque année, au mois de juillet, 50 ou 60 millions de numéraire sortir de ses caisses pour payer les achats du commerce dans les provinces.

Si les banques coloniales ne peuvent en faire autant,

si les frais d'importation du numéraire, quel qu'il soit demandé par le commerce, sont trop considérables pour être couverts par les bénéfices provenant de l'escompte à 6 p. 100. Cela prouve que la situation économique des colonies ne permet pas l'escompte à si bon marché ; d'un autre côté, s'il faut élever beaucoup le taux de l'escompte, le but est manqué, et il est inutile de donner aux colonies les embarras d'une circulation fiduciaire qui ne leur procure aucun avantage.

Une banque ne prête jamais que des capitaux qu'elle emprunte quelque part, et elle ne peut les prêter qu'à un taux supérieur à celui auquel elle les emprunte, sans quoi elle se ruinerait. Si la Banque de France escompte à 3 p. 100 lorsque l'intérêt de l'argent est à 5 p. 100, c'est que les capitaux qu'elle prête ainsi sont empruntés gratis à la circulation. Cela est possible, parce que cet emprunt n'est que de 700 millions sur une circulation de plusieurs milliards beaucoup plus stable que celles des colonies qui ont parfois à payer un solde double d'elles-mêmes, et subissent des emprunts non de 1/6 ou de 1/4 de leur chiffre total, mais des 7/8. La meilleure preuve que la circulation des colonies ne peut supporter un pareil emprunt, c'est que leurs banques verraient en un jour la totalité des billets se présenter à leurs guichets si elles étaient obligées de rembourser.

En face de cette obligation, les banques coloniales ne pourraient emprunter des capitaux qu'au marché général et au taux ordinaire du pays, et par conséquent elles seraient forcées d'escompter à ce taux.

La seconde mesure, blâmée par M. Pelletier de Saint-

Remy, consiste dans l'émission des bons de caisse. Il est à remarquer, qu'au point de vue économique, cette émission, dans une faible proportion, d'une monnaie n'ayant pas de valeur intrinsèque, n'aurait eu aucun inconvénient si elle ne s'était trouvée à côté d'une émission cinq fois plus forte de billets de banque, dont elle supprimait par le fait le remboursement. Au point de vue pratique, elle a eu le grand inconvénient de remplir imparfaitement le but que s'était proposé l'administration.

Absorbés en partie par la Banque, qui trouvait plus commode d'en remplir ses caisses que de les remplir de numéraire, ces petits bons n'ont procuré qu'un secours momentané à l'agriculture, et sont très-incommodes ; ils se détériorent facilement, sont raccommodés avec des morceaux de carton et de toile repoussants de saleté, et deviennent tellement épais, qu'un bon de caisse d'un franc est parfois aussi volumineux que dix billets de banque. Il s'en perd en outre une assez grandequantité. Le budget de la Martinique pour 1858 évalue à 1,000 fr. la somme de bons de caisse anéantis dans l'année par suite de l'usure. A ce propos, M. Pelletier de Saint Remy, après avoir rappelé les gourdes percées qui circulaient anciennement aux Antilles, et qui, par la différence entre leur valeur réelle et leur valeur légale remplissaient avantageusementles fonctions demonnaie inexportable, montre qu'un grand nombre de pays ont une monnaie semblable, et émet le vœu très-fondé que les bons de caisse des Antilles soient remplacés par une monnaie en argent, sorte de monnaie de billon, qui, dans aucun cas, ne pourrait être considérée comme encaisse pour la banque, ni être employée par elle autrement que comme appoint. Une monnaie de ce genre aurait le double avantage de satisfaire aux besoins de l'agriculture, et d'empêcher les colonies de ressentir aussi fortement le contre-coup des exportations de numéraire qui ont lieu pendant la morte-saison. Il y aurait certainement là d'utiles modifications à apporter à l'ordre de choses actuel ; mais il y a des points plus importants qui réclament auparavant des réformes.

Selon M. Pelletier de Saint-Remy, l'administration de la Martinique, en particulier, aurait trop pesé sur celle de la Banque. En général une société de commerce et même une banque ordinaire, étant seule pécuniairement responsable de ses actions, doit avoir seule le droit de les diriger ; tant pis pour elle si elle fait de mauvaises affaires. Mais il n'en est pas de même d'une banque de circulation qui emprunte l'argent, dont elle se sert, à un public n'ayant ni le droit ni le pouvoir de se refuser à le prêter, et qui le prête toutes les fois qu'il reçoit en payement un billet de banque. Dès lors c'est non-seulement un droit mais un devoir, pour le gouvernement, de limiter cet emprunt, de surveiller et de contrôler les opérations de la Banque. Car en forçant la circulation à accepter les billets, elle accepte la responsabilité de leur payement.

Les réclamations de la Banque de la Martinique, sur l'influence exercée par le gouvernement, peuvent surprendre lorsqu'on la voit user si imprudemment de la liberté qui lui a été laissée, et lorsqu'on voit à côté de cela, dans la nuit du 14 mars 1848, le conseil général de la Banque de France prenant la noble résolution de faire face à l'orage, réclamant le cours forcé pour ses billets et demandant à M. Garnier-Pagès, alors ministre des finances, de limiter le chiffre de ses émissions ; *afin*, disait-il, *que la Banque ne fût pas tentée d'abuser de la loi pour multiplier ses billets au risque de les avilir.* Ce maximum d'émission fut fixé à 350 millions. Quelques jours plus tard, le 25 mars, le gouvernement provisoire, en décrétant le cours forcé pour les billets des banques départementales, fixait aussi pour chacune d'elles un maximum d'émission.

Dès que les banques coloniales n'avaient plus la limite naturelle du remboursement, n'était-il pas urgent de leur en donner une artificielle, et au lieu d'accuser le gouvernement d'avoir outrepassé les limites d'une juste surveillance, n'est-il pas permis de penser qu'il eût prévenu la crise actuelle en prenant dès l'origine des mesures énergiques, analogues à celles qu'il avait su prendre pour les banques de France ?

On peut objecter qu'en 1848 la limitation des émissions n'était qu'une mesure transitoire, tandis qu'aux colonies elle eût eu un caractère normal et définitif ; mais si cette mesure était transitoire en France c'est que le cours forcé était transitoire lui-même ; et depuis quand est-ce un état normal et durable pour une banque que celui de ne pas rembourser ses billets ?

En dehors des questions que nous venons de discuter, il en est une que M. Pelletier de Saint-Remy présente avec beaucoup de netteté et de justesse, c'est celle des entrepôts réels. Il serait très-important, en effet, que le commerce de la France se fît le plus possible par l'intermédiaire de ses colonies, elle y gagnerait certainement de nombreux débouchés. C'est une question de tarifs douaniers qu'il faudrait combiner de manière à ce que les droits prélevés sur les marchandises étrangères arrivant en France par les colonies fussent inférieurs à ceux qui frapperaient ces mêmes marchandises importées directement. Nous ne faisons qu'indiquer ce sujet en passant, laissant le soin de l'approfondir à des hommes plus savants et plus versés dans ces matières.

Le second article important, publié sur les difficultés monétaires des Antilles, a paru le 1er mars dans le *Journal des économistes*. Il est signé d'un nom qui fait autorité en pareille matière et renferme en quelques pages le résumé complet de la question ; on y reconnaît la pensée du maître. M. Courcelle-Seneuil croit à l'émission exagérée du papier-monnaie, et au déficit réel de la balance commerciale ; il nie l'influence de la démonétisation du doublon, et pense que la présence des bons de caisse d'une part, de l'autre les escomptes, à bas prix, de la Banque ont trop facilité les importations, et que le pays supporte maintenant les conséquences de l'aisance monétaire qu'il a éprouvée alors. Le savant professeur évalue à 500,000 fr. le chiffre de la monnaie locale qui pourrait sans inconvénient être émise à la Martinique et voudrait que la Banque payât toujours ses billets en espèces, sauf à élever par moments son escompte à 10 ou à 15 pour 100 s'il le fallait. Mais, selon lui, cette Banque pourrait bien rester la moitié de l'année sans rien faire. La question qui se présente alors est celle-ci : une banque placée dans ces conditions ferait-elle ses frais et ne vaudrait-il pas mieux la transformer en un comptoir d'escompte qui n'aurait pas à supporter les frais d'importation de numéraire? Nous verrons tout à l'heure cette opinion reproduite par un créole, mais auparavant nous devons, pour suivre l'ordre chronologique, nous arrêter un instant à un second article du *Journal des économistes*.

Dans cet article, M. Jules Duval envisage la crise des Antilles sous un autre aspect, trop négligé à son avis, par M. Courcelle-Seneuil, et blâme la démonétisation du doublon en se basant sur ce principe que, généralement, une circulation livrée à elle-même se compose naturellement des éléments qui répondent le mieux aux nécessités des transactions, et qu'un gouvernement a tort de vouloir interdire de force une circulation qui convient à un pays, parce qu'elle est en désaccord avec ses propres idées. Cette opinion est d'une vérité incontestable. Il reste à savoir si ce que M. Duval appelle une prohibition n'est pas réellement la liberté venant remplacer un privilége, et quelle était la cause de ces regrets unanimes du commerce?

D'abord, le gouvernement n'a rien interdit; il a supprimé le taux arbitraire que possédait une monnaie étrangère et lui a enlevé : quoi? uniquement son emploi pour le payement de 2,500,000 francs d'impositions. Toute la population commerciale a réclamé, cela est vrai, mais il est facile de le comprendre; les banques, voyaient dans la surhausse légale du doublon un moyen d'alimentér leur encaisse en se couvrant dés frais de transport du numéraire, et une partie des commerçants faisaient de gros bénéfices à la faveur de cette surhausse.

Si nous en croyons M. Basiege, dans les républiques hispano-américaines, le napoléon et ses subdivisions d'or et d'argent sont pris en échange du doublon et de ses subdivisions, la pièce de 25 centimes était prise en échange du réal de billon de 320 au doublon. Lorsque la pièce de 20 centimes vint remplacer celle de 25 démonétisée, elle fut reçue au même titre. Ainsi, au moyen de pièces de 20 centimes, on achetait au Venézuela, pour 64 francs, le doublon que l'on revendait à la Martinique 86 fr. 40 c. Aussi, à ce moment, ces pièces de 20 centimes s'exportaient par cargaisons de 30 à 40,000 francs, et les négociants, qui faisaient ce trafic, réalisaient 35 p. 100 de bénéfice en un mois. Il est facile de comprendre, que la démonétisation qui leur faisait perdre 10 p. 100 sur ces bénéfices, les contraria vivement, d'autant plus qu'elle les privait complétement de ceux qu'ils faisaient sur les pièces de 5 et de 20 francs.

Joignez à cela la suppression d'habitudes monétaires existant depuis cinquante ans, et la facilité avec laquelle l'opinion publique suit, sans raison bien positive, l'opinion de quelques-uns, et on s'expliquera le *tolle* général qui accueillit la démonétisation du doublon. Mais comment les besoins du commerce peuvent-ils être sérieusement mis en avant lorsque cette surhausse du doublon avait pour effet de faire entrer, comme élément presque unique dans la circulation, une monnaie incapable de servir au solde des importations françaises, solde qui est presque toujours supérieur à celui des importations étrangères? Au reste, l'opinion qui, il y a cinq ans, était unanime à cet égard, s'est déjà modifiée à tel point que, dans une commission nommée dernièrement à la Martinique pour étudier la question, elle n'a obtenu qu'une voix de majorité.

M. Duval dit en commençant que les banques coloniales remboursent leurs billets avec des bons de caisse. Sans parler des attestations des négociants, de M. Basiege entre autres, il y a un fait qui démontra que la Banque de la Martinique ne rembourse pas plus en bons de caisse qu'en argent, c'est que les campagnes manquent de monnaie, que l'administration vient d'émettre de nouveaux bons de caisse, et que si les habitants pouvaient se procurer des bons de caisse en échange de leurs billets, ils les porteraient tous à la Banque, qui n'en aurait plus un seul et serait obligée de rembourser en espèces. Plus loin, M. Duval répète avec M. Pelletier de Saint-Remy : «Vous disiez que le doublon était surhaussé à 86 fr. 40 c., et il est maintenant à 94 fr. Oui, le doublon était surhaussé à 86 fr. 40 lorsque l'argent français et les traites étaient au pair ou à 2 p. 100. A 94 fr., maintenant, il n'est pas surhaussé, il a sa valeur naturelle, comme l'argent français a la sienne à 15 p. 100 de prime ; et si, à ce taux de 94 fr., on ne trouve pas de doublons, ce n'est pas parce que le négociant qui en ferait venir n'en trouverait pas le débit, puisque les frais de transport lui laisseraient encore un bénéfice de 11 fr., qui lui permettrait bien de les laisser dormir un peu dans ses caisses. Ce qui empêche d'en faire venir, c'est qu'il faut les acheter, et que, pour les acheter, il faut envoyer des traites dont le prix est égal à la surhausse du doublon. En un mot, la raison qui fait qu'il n'y a ni traites ni argent français est la même qui fait qu'il n'y a pas de doublons. Dans un mois ils reparaîtront si, dans un mois, les traites tombent à 2 p. 100. »

M. Duval pense que le retrait du décret de démonétisation ferait tout rentrer dans l'ordre, et donnerait à la Banque le moyen de payer ses billets. Mais d'où viendraient les doublons à 86,40 puisqu'à 94 fr. on ne peut les introduire sans perte. La Banque serait donc obligée de donner pour 86 fr. 40 ce qui lui en coûterait plus de 94 avec les frais de transport. Il est peu probable qu'elle se soutînt longtemps en faisant de pareilles opérations.

M. Duval jette ensuite un coup d'œil sur la balance commerciale, et conclut qu'en regardant les relevés des douanes comme exacts, et en tenant compte du solde favorable qui existait en 1841 et de l'indemnité coloniale, il n'existe pas actuellement de déficit dans cette balance. Comme je l'ai dit en commençant, je ne pense pas qu'on doive attacher une grande importance sous ce rapport aux documents fournis par la douane. A mon avis, si ceux-ci représentaient l'état réel des choses, le pays serait épuisé depuis longtemps, les marchandises ne trouveraient plus de débouchés, ni l'agriculture de ressources pour payer ses ouvriers; le commerce serait ruiné, et le sol n'aurait plus de valeur; au lieu de cela, jamais l'activité et la production des colonies n'ont été plus grandes;

le commerce est dans une situation excellente, la valeur des habitations augmente tous les jours. Il n'y a rien dans tout cela qui dénote l'appauvrissement, et s'il existe, ce n'est probablement pas à un degré assez avancé pour avoir une part importante dans les faits qui se produisent actuellement.

Au moment où M. Duval écrivait l'article dont nous venons de nous occuper, M. Basiege, négociant à Saint-Pierre-Martinique, faisait paraître un travail très-sérieux, où les causes de désordre sont divisées en deux catégories. Les premières primitives et essentielles, existant depuis longtemps, sont la rareté des capitaux et la rareté du numéraire français dues au taux légal de 86 fr. 40; les secondes accidentelles ayant rempli le rôle de mèche qui met le feu à un baril de poudre, sont : 1° l'émancipation qui a créé un besoin plus grand de monnaie, et une consommation plus grande de la part des nègres ; 2° la création d'une banque dont l'escompte de 6 p. 100 a éloigné de nombreux capitaux, et dont le papier, chassant le numéraire de la circulation, rend inutile et impossible l'importation des monnaies étrangères. M. Basiege montre que la prime sur les lettres de change et sur le numéraire a suivi exactement la progression des émissions de la Banque, et que le taux de 6 p. 100 n'est que fictif, puisque le négociant qui veut réaliser 100,000 fr. en France paye maintenant 15,700 fr. au lieu de 6,800 qu'il payait auparavant. L'escompte à 6 p. 100 coûte dans ce cas 9,000 de plus que lorsqu'il était à 12 p. 100. Les banques ont donc, en réalité, élevé le taux de l'intérêt. M. Basiege conclut à la transformation des banques en comptoirs d'escompte, transformation qui s'opérerait de la manière suivante : la Banque de la Martinique, par exemple, éteindrait d'abord par l'aliénation de ses rentes sur l'État, la dette de 2,124,126 fr. 87 qu'elle a en France, et compléterait son encaisse métallique à 3 millions. Sa circulation étant actuellement de 6 millions, à partir d'une époque qu'elle annoncerait longtemps d'avance, et pour ne pas arrêter les affaires, elle escompterait chaque jour en argent une somme égale à la moitié des billets qui, par les échéances, lui seraient rentrés la veille. Les échéances étant de quatre mois au maximum, elle ferait rentrer par mois pour 1,500,000 fr. de billets, et escompterait pour 750,000 fr. en argent, de sorte qu'au bout du quatrième mois tous les billets seraient rentrés.

Cette solution quoique bonne en principe, a néanmoins des inconvénients dont le principal est de ramener à peu près la position à ce qu'elle était avant l'établissement des banques, c'est-à-dire, de nécessiter un mouvement considérable d'espèces qui ne peut s'opérer qu'à un prix énorme, puisque, d'après M. Pelletier de Saint-Remy, un million coûterait 25,000 fr. à porter à la Martinique.

Nous allons à notre tour nous permettre d'examiner si, en suivant la voie tracée par M. Basiege et en approfondissant son projet, on ne pourrait pas arriver à un remède plus complet et plus efficace.

IV.

Nous avons dit précédemment qu'une circulation fiduciaire avait pour but de rendre à la production une partie des capitaux employés aux échanges. Plus un pays manque de capitaux, plus une circulation fiduciaire lui est utile. Le tort de la Banque de la Martinique n'est donc pas de prêter 6 millions au commerce tous les quatre mois, mais d'emprunter 6 millions à une circulation qui ne peut les lui prêter.

Je pose exprès la question sur ce terrain parce qu'il n'a pas été pris jusqu'ici, et que je le crois plus capable que tout autre de conduire à une solution. Je pense avec M. Basiege que la Banque de la Martinique a outre passé de beaucoup le chiffre normal de la circulation fiduciaire que comportait le pays. Je pense aussi que la Banque a trop élevé le chiffre de ses escomptes, qu'elle a ouvert des crédits qui ont donné au commerce une extension trop rapide, mais uniquement parce qu'elle n'avait pas les moyens de le faire, et non, parce que ces crédits et ces escomptes étaient nuisibles au commerce. Le crédit a pour but de hâter une opération et d'en diminuer les frais. Si l'opération est bonne tout le monde y gagne, si elle est mauvaise c'est l'opérateur qui en supporte les pertes et ce n'est pas dans une ville comme Saint-Pierre ou la Pointe-à-Pître qu'une banque peut manquer de renseignements. Que dans ce cas elle resserre le crédit du négociant imprudent, c'est un avertissement qu'elle lui donne et qu'elle doit lui donner. Mais en dehors de ce cas, une banque, surtout lorsqu'elle a un monopole, ne doit resserrer les crédits que lorsqu'il lui est matériellement impossible de faire autrement.

Le papier de commerce est une monnaie réelle, puisqu'il sert à de nombreux payements, jusqu'au moment où, arrivé à échéance, il se transforme en argent. Or, un négociant qui a chez un banquier un crédit de négociation de 100,000 fr., par exemple, qui n'a ni protêts ni retours importants, a le droit de compter, pour payer ses échéances, sur la réalisation de son portefeuille jusqu'à concurrence de cette somme. S'il a 10,000 fr. à payer et que la veille on lui refuse un bordereau de pareille somme, composé de bonnes valeurs, il n'a aucun moyen d'empêcher sa signature d'être protestée et il a moralement le droit d'accuser le banquier de sa ruine, surtout si ce banquier est le seul et le seul possible dans le pays à cause de la position exceptionnelle qui lui est faite par l'autorité.

Je conclus de ceci que, en admettant même que la

Banque de la Martinique n'ait dans son portefeuille aucune valeur à long terme déguisée par des renouvellements à quatre mois d'échance, un resserrement brusque de tous les crédits immobiliserait une partie du papier de commerce, et que des négociants, n'ayant fait que de très-bonnes affaires, ayant en portefeuille d'excellentes valeurs, tomberaient en faillite faute d'argent monnayé pour payer leurs billets. Si, dès que l'impossibilité du remboursement effectif fut un fait acquis, le gouvernement avait limité immédiatement le chiffre des émissions des banques, le commerce n'aurait pas eu le droit de se plaindre. On lui donnait un instrument de crédit tel que le pays le comportait. C'était à lui, s'il le trouvait insuffisant, de s'en procurer de plus étendus en en supportant les frais. Mais dans la position actuelle, les banques doivent, sous peine de provoquer une catastrophe, dont elles seraient à bon droit accusées, agir avec la plus grande circonspection en resserrant la circulation, et conséquemment les escomptes.

Il me semble que sous ce rapport, et outre l'inconvénient que j'ai signalé, le projet de M. Basiege offrirait de grands dangers, et serait impossible à exécuter dans les limites qu'il lui assigne.

Dans sa brochure, nous lisons que les banques des colonies anglaises escomptent à 6 p. 100 sans éprouver les mêmes embarras que les nôtres, d'abord parce que les capitaux sont moins rares dans leurs colonies, et ensuite parce que chaque colonie n'a pas de banque particulière. Il y a au contraire une banque unique ayant son siége à Londres, où les billets émis par les succursales sont remboursables.

Ce passage ne renferme-t-il pas les éléments d'une solution toute naturelle?

Si l'agence centrale des banques coloniales à Paris remboursait les billets de ses banques, ces billets viendraient en France; mais peu connus du public, ils ne resteraient pas longtemps dans la circulation. Ce serait par le fait de véritables traites à courte échéance, et l'agence centrale ne faisant aucune affaire à Paris, n'ayant aucun moyen d'alimenter son encaisse, se verrait bientôt dans l'obligation de suspendre ses payements.

Mais si les billets des banques coloniales étaient les mêmes que ceux de la Banque de France, en arrivant des colonies, ils entreraient dans la circulation française, et ne se présenteraient pas plus au remboursement que les autres. Pour arriver à ce résultat, il faudrait tout simplement qu'au lieu d'avoir des banques isolées, les colonies eussent, comme les départements, des succursales de la Banque de France.

Cette idée n'est pas neuve, et a toujours été repoussée comme un songe creux, impossible à réaliser, et dont on s'est peut-être exagéré les difficultés d'application. Examinons d'abord quelles seraient les conséquences du problème supposé résolu, nous retournerons ensuite sur nos pas pour chercher une solution pratique. Les conséquences de l'existence des succursales sont les suivantes : 1° leur circulation fiduciaire serait mobilisée et servirait, à défaut de traites, à solder les créances françaises; 2° les escomptes ne seraient plus limités par le chiffre des émissions, mais par la valeur du papier qui serait présenté à l'escompte ; 3° il n'y aurait plus à se préoccuper du chiffre de la circulation fiduciaire qui ne serait jamais trop considérable puisque les billets s'en iraient en France avant de se déprécier.

Les succursales auraient des encaisses qui n'auraient plus à fournir que le numéraire plus ou moins nécessaire à la circulation intérieure, et celui destiné à solder les cargaisons étrangères. Pour les payements à l'étranger les succursales fourniraient au commerce les doublons dont il aurait besoin, mais vu la démonétisation elles pourraient, par le taux auquel elles les donneraient, se couvrir des frais d'importation dans le cas où elles en auraient à supporter, car il est probable qu'au moyen de traites sur la Banque de France elles s'en procureraient à bon marché dans les pays environnants ; elles auraient de cette manière peu ou point de dépenses à faire pour alimenter leurs encaisses, car la démonétisation des doublons rendrait impossible le commerce qui avait lieu par leur échange contre la monnaie française.

Il ne faut pas croire que le change serait anéanti entre la France et les colonies. Le change est l'expression de la différence qui existe entre les échéances de deux places, il ne peut dépasser les frais d'envoi de numéraire destiné à solder cette différence (1). Mais les frais seraient moins considérables puisqu'on aurait à envoyer des billets de banque au lieu d'argent, et que les billets de banque ne pourraient subir de dépréciation.

(1) Cette définition montre que le taux élevé des traites aux co-

La circulation des colonies étant toujours dans un équilibre parfait, dans le cas d'une guerre qui intercepterait les communications avec la métropole, un décret du gouverneur établirait le cours forcé en interdisant à la succursale toute émission nouvelle, et la monnaie fiduciaire ne pouvant devenir trop abondante ne se déprécierait pas.

Toutes les succursales des colonies augmenteraient la circulation de la Banque de France d'une vingtaine de millions, c'est-à-dire 1/36 de sa circulation actuelle, qui auraient leur emploi au dehors, et qui, par conséquent, n'augmenteraient pas les remboursements de la métropole.

Il me semble qu'au point de vue économique ce projet ne présenterait aucun inconvénient sérieux, et qu'il résoudrait complétement ce problème de la circulation coloniale, cherché depuis si longtemps.

Passons maintenant aux difficultés pratiques de la question.

La principale viendra certainement de la Banque de France elle-même, qui est tenue, d'après ses statuts, d'établir des succursales dans tous les chefs-lieux de département, mais qui n'est nullement tenue d'en établir aux colonies. En face de la prudence qu'elle apporte dans ces sortes de choses il faudrait, pour qu'elle se décidât à une pareille entreprise, qu'elle y vît un avantage

loules n'est pas dû au change et n'indique rien ni pour ni contre lui, puisque ce taux excède de beaucoup le prix de revient de l'envoi du numéraire. Par conséquent on ne peut rien en conclure sur la situation commerciale des colonies.

suffisant; autrement dit qu'elle fût sûre que le capital placé dans ses succursales produisît un intérêt assez élevé.

En second lieu. Elle a des statuts dont elle ne pourra ni ne voudra se départir. Elle ne peut, par exemple, escompter le papier qu'à 90 jours de vue et à trois signatures. Le papier, dans ces conditions, n'est pas commun aux colonies. Les succursales de la Banque de France seraient donc insuffisantes et devraient être complétées par des comptoirs d'escompte, particuliers à chaque colonie et qui ne seraient autres que les banques actuelles transformées. Ces nouveaux comptoirs escompteraient le papier à quatre mois et à deux signatures ou à une signature garantie par connaissement ou par consignation, et réescompteraient leur portefeuille à la Banqne en y mettant leur endos. Les négociants qui présenteteraient à la Banque une surface suffisante pourraient y avoir leur compte courant pour les effets à trois signatures, et jouir du bénéfice de l'escompte réduit de cet établissement.

La direction des succursales venant de la Banque de France serait confiée à des agents n'ayant aucunes relations personnelles aux colonies et, par conséquent, en très-bonne position pour maintenir les crédits dans de justes bornes, puisqu'ils ne recevraient des comptoirs que le papier à leur convenance.

L'administration des comptoirs resterait, au contraire, entre les mains de leurs actionnaires, et affranchie de tout contrôle particulier du gouvernement.

Voici, du reste, en prenant pour exemple la Martinique, quels seraient approximativement les bénéfices et les dépenses pour chacun de ses établissements :

SUCCURSALE DE LA BANQUE DE FRANCE.

ENCAISSE : 2 MILLIONS. — CIRCULATION : 3,000,000 FR.

Portefeuille : 5,000,000 à 6 1/2 p. %.		350,000
Frais de transport de 3 millions numéraire, par an pour l'encaisse. . .	60,000 fr.	
Frais généraux et d'administration. .	100,000	
TOTAL DES DÉPENSES. . . .	160,000	160,000
BÉNÉFICE NET.		190,000

C'est-à-dire 9,5 p. %.

COMPTOIR D'ESCOMPTE.

CAPITAL : 1,000,000. — 18 MILLIONS D'ESCOMPTE PAR AN.

6 millions tous les 4 mois.

Intérêts de 1,000,000 à 8 p. %.	80,000 fr.
d° de 5,000,000 réescomptés à 1 1/2 p. %.	75,000
TOTAL DES BÉNÉFICES.	155,000
Frais généraux et d'administration.	50,000
BÉNÉFICE NET.	105,000

ou 10,5 p. %.

Dans cet aperçu les bénéfices du comptoir d'escompte sont supérieurs à ceux de la Banque, mais les frais de transport de numéraire sont portés au maximum et n'atteindront même probablement jamais ce chiffre par les raisons qui ont été exposées précédemment.

La transformation pourrait s'opérer de la manière suivante.

La Banque actuelle commencerait par arriver à la position indiquée dans le projet de M. Basiege, c'est-à-dire ayant liquidé sa dette en France et restant avec 3 millions d'encaisse et 6 millions de circulation. Elle prendrait alors le nom de comptoir d'escompte, verserait 2 millions de son encaisse pour former celui de la nouvelle banque qui n'aurait pas, de cette manière, à supporter les frais de transport de numéraire et donnerait en échange 2 millions de ses billets. Le comptoir rembourserait 2 millions à ses actionnaires et emploierait le 3ᵉ million à continuer les escomptes, sans les arrêter un seul jour, et sans resserrer aucun crédit.

Au fur et à mesure de ses besoins, et après avoir employé ce million, le comptoir réescompterait son portefeuille à la Banque qui encaisserait les effets échus en anciens billets qu'elle donnerait comme espèces au comptoir en escomptant ses bordereaux. Il en résulterait que les échéances du comptoir étant de 1,500,000 fr. par mois, et ses escomptes d'une somme égale, elle réescompterait à la Banque 3 millions par mois jusqu'à ce que tous ses billets fussent rentrés. Voici, du reste, le tableau de ses opérations :

	Espèces.	Billets en circulation.	Portefeuille.	Réescompte.
Cent du 1er mois. . .	1,000,000	6,000,000	6,000,000	0
Fin du 1er mois. . .	0	4,500,000	5,500,000	2,000,000
— du 2e mois. . .	0	3,000,000	4,000,000	3,000,000
— du 3e mois. . .	0	1,500,000	2,500,000	3,000,000
— du 4e mois. . .	0	0	1,000,000	3,000,000

Total du réescompte 11 millions dont 6 millions échus et remboursés, et 5 millions formant le portefeuille de la succursale.

Quant aux bons de caisse, possédés par l'ancienne banque, ils devraient être employés soit au remboursement des actionnaires, soit à l'escompte des bordereaux avant la transformation. Du reste, il serait à désirer que l'administration profitât de l'occasion pour les rembourser et créer, si elle le jugeait opportun, la monnaie locale mentionnée par M. Pelletier de Saint-Remy.

Je n'ai pas la prétention, en faisant cet exposé, de produire un système complet. J'ai voulu seulement indiquer les moyens dont on pourrait se servir pour arriver à l'organisation d'un système de crédit susceptible de fonctionner régulièrement, et qui aurait l'avantage de permettre l'organisation de maisons d'escomptes de second ordre réescomptant leur portefeuille à la Banque comme le font les banquiers dans tous les pays.

Par le fait, et en dernière analyse, ce serait la circulation de la France qui prêterait aux colonies les capitaux dont elles auraient besoin en plus de ceux que leurs propres circulations pourraient leur fournir, ou plutôt les circulations des colonies viendraient se fondre dans la circulation de la France pour former un vaste et unique réservoir, où la France et les colonies puiseraient plus ou moins chacune suivant ses besoins du moment. Cette communauté paraît d'autant plus rationnelle que les colonies françaises, étant intimement liées à leur métropole, et n'en étant en réalité que des parcelles détachées, c'est à la France à suppléer, autant qu'elle le peut, aux inconvénients qui résultent pour elles de l'absence de certains éléments sociaux.

V.

La question monétaire étant celle qui, en ce moment, préoccupe le plus et à juste titre nos colonies des Antilles, nous avons cru devoir nous y arrêter d'abord, et nous occuper exclusivement du commerce. Il est temps de revenir à l'agriculture, en examinant ce qui a été fait ét ce qu'il y a à faire pour satisfaire ses besoins ; car elle, aussi, en a beaucoup sous ce ciel de feu, qui ne permet pas à l'Européen de travailler. Elle seule fournit des productions au commerce, en l'absence de richesses minérales, d'industrie et de transit. L'émancipation des esclaves, qui a porté momentanément aux colonies un coup si rude, doit être pour elles, dans l'avenir, une source de résultats féconds et salutaires, en forçant les habitants à sortir de l'apathie dans laquelle les entretenaient la facilité de la production et son faible prix de revient. Déjà, depuis 1852, la position a commencé à s'améliorer, principalement à la Réunion qui, par la richesse de ses propriétaires et par sa proximité de l'Inde, se trouve placée dans des conditions beaucoup plus favorables. La Martinique, qui n'avait produit que 16 millions de kilogrammes de sucre, en 1850, est arrivée au chiffre de 28 millions, en 1856, et la Guadeloupe, de 13 millions est arrivée à 22 millions et demi. Dans ces deux dernières colonies, le bas prix de la terre indique cependant encore que les capitaux se portent peu vers l'agriculture ; il y a quelques années, des habitations rapportant 25,000 fr., se sont vendues 80,000 fr. Mais le bouleversement produit par l'émancipation aura certainement pour effet de rendre au sol colonial le caractère industriel qu'il possède, par la nature de la denrée qu'il produit et par l'élévation du capital d'exploitation qu'il exige depuis les perfectionnements apportés dans la culture de la canne. C'est la loi de tout pays dont le sol est restreint et produit des denrées ayant une puissance d'échange considérable, mais cette loi elle-même a pour effet de rendre nécessaire un plus grand nombre de capitaux, qui, s'ils manquent au commerce, manquent encore bien plus à l'agriculture, et de rendre inapplicables à ces pays les instruments de crédit qu'on emploie dans d'autres.

En France, par exemple, le prix des produits du sol étant généralement peu élevé, et celui-ci réclamant des améliorations dont les bénéfices ne peuvent payer que dans un long espace de temps, les capitaux qu'elles exigent. Les prêts hypothécaires à longs termes et à un taux peu élevé sont indispensables et sont recherchés par les petits capitalistes à cause de leur solidité. Le crédit foncier, opérant dans ce milieu, répond à un besoin réel, et pourrait rendre de grands services à l'agriculture, sans être trop embarrassé pour placer ses obligations. Mais aux Antilles, un pareil établissement serait impossible. On peut même se demander si les besoins auxquels il répondrait seraient assez généraux pour alimenter ses opérations.

Nous le répétons, et, il ne faut pas l'oublier, un crédit foncier ne crée pas plus de capitaux qu'un banquier et qu'un notaire ; pour en prêter il faut, avant tout, qu'il trouve à en emprunter. Or, en matière de crédit hypothécaire, il n'y a pas moyen de faire appel à la circulation, puisque les prêts étant faits pour long-temps, une fois, par une cause fortuite, les billets qui en ont été l'instrument, présentés au remboursement, le capital emprunté se trouve rendu, sans qu'il soit possible de rentrer dans celui qui a été prêté. On avait prêté à 3 p. 100 un capital que l'on croyait emprunter pour rien, tandis qu'on se trouve avoir prêté à 3 p. 100 un capital qui coûte 5 p. 100. Une banque hypothécaire ne peut donc avoir recours qu'aux capitaux ordinaires qu'elle doit payer, à peu de chose près, au cours du marché.

Les capitaux sont chers dans les colonies, non-seulement parce qu'ils sont rares, mais aussi parce que la condition de tous ceux qui y vont est le mouvement, le travail incessant et non l'immobilisation par dès placements en obligations à long terme. Il faut certainement à l'agriculture des capitaux autres que ceux qui existent dans le pays ; mais, comme nous l'avons dit en commençant, on ne peut les y transporter de force, et ils ne peuvent y venir qu'attirés par une rémunération élevée ; en un mot, un crédit foncier ne pourrait trouver à placer ses obligations dans nos colonies des Antilles, et surtout à les placer à un taux assez bas pour pouvoir fournir des capitaux à bas prix à l'agriculture. Voilà pour la question de possibilité, quant à celle d'utilité, il est à remarquer que le grand avantage du crédit foncier consiste dans la fusion des intérêts avec le remboursement du capital, mais c'est à la condition que le prêt dure cinquante ans, car, sans cela, l'annuité monte de 5,65 p. 100 à 13,15 p. 100 lorsque le prêt n'est demandé que pour dix ans, et dans ce cas, il y a la plupart du temps avantage à emprunter chez un notaire. En France, où la propriété territoriale est un placement de fonds et de réserve, on peut ne pas trop regarder à hypothéquer une terre pendant un si grand nombre d'années pour en augmenter le rendement, mais aux colonies, un habitant qui, sur ses bénéfices, pourra rembourser un emprunt en quelques années, aimera mieux se gêner un peu pour le faire, que de grever indéfiniment sa propriété. Pour le moment, les capitaux susceptibles d'être employés à l'agriculture ne sont pas assez nombreux pour que l'on ait à s'occuper de régler le plus avantageusement possible les moyens de les emprunter et de les prêter, et pour que l'on puisse en consommer une partie, à mettre en mouvement les rouages d'une lourde machine. Le meilleur parti à prendre est d'étendre le plus possible les crédits que, d'après leurs statuts, les banques coloniales sont autorisées à ouvrir sur cessions de récoltes. Ces crédits ont été d'une grande utilité à la Guadeloupe à laquelle ils ont déjà fourni 4,570,000 fr., dont 1,760,500 pour le seul exercice de 1856 à 1857. Il est vrai qu'à la Martinique les résultats n'ont pas atteint à beaucoup près ce chiffre. Mais s'ils ont été presque nuls, il faut l'attribuer aux conditions particulières dans lesquelles se trouvait la partie des propriétaires qui s'adressaient à la Banque.

Ce qu'il faut avant tout, c'est que la politique suivie par la France soit de nature à lui inspirer de la confiance dans la possession de ses colonies. Elle se souvient encore du temps où chaque guerre lui enlevait quelque territoire lointain, et comment ses enfants pouvaient-ils se transporter avec leurs familles et leurs richesses dans nos possessions d'outre-mer, lorsqu'ils avaient en face d'eux la perspective de perdre ou le fruit de leur travail ou leur nationalité? Quand l'opinion sera persuadée que la France tient autant à ses colonies qu'à son propre territoire, et qu'elle est disposée à les défendre jusqu'à la dernière extrémité contre les flottes étrangères, lorsque le temps aura cicatrisé leurs plaies, et ramené un état de choses normal et solide, lorsque la grande question du travail aura été au moins en partie résolue, et que les produits coloniaux seront assurés de débouchés qui leur permettent de payer toujours largement les travaux nécessaires à leur production; alors et alors seulement, le fruit des épargnes de la France ira féconder leur sol, et certainement les capitaux n'y manqueront pas plus qu'ils ne manquent dans les colonies anglaises.

VI.

Nous avons parlé tout à l'heure de la question du travail et de celle des débouchés. Si elles paraissent moins pressantes, moins urgentes en ce moment où la question financière domine dans tous les esprits, elles n'en sont pas moins capitales, car de leur solution dépend non pas seulement l'avenir, mais même l'existence de nos colonies.

Quoique la Martinique et la Guadeloupe soient de bien petitesîles, quoiqu'elles renferment des montagnes et des pics qui se refusent à toute culture, ce n'est pas la terre qui manque aux bras, ce sont les bras qui manquent à la terre. Après la découverte du Nouveau-Monde les races indigènes ont été détruites par les Espagnols. Il a fallu importer des esclaves d'Afrique, et cette population transportée dans un climat différent de celui de son pays natal a toujours eu besoin d'être alimentée par des importations nouvelles. Il semble que ce sol, veuf des enfants que Dieu lui avait donnés, se refuse à en adopter de nouveaux. Quelle que soit la raison de ce fait, il existe, et depuis que pour l'honneur de la France tous vestiges d'esclavage ont disparu de son territoire, la pénurie des bras se fait sentir de plus en plus. Tout le monde connaît les efforts que le gouvernement a faits pour recruter des travailleurs dans les diverses parties du monde. Jusqu'ici ces efforts ont été, sinon inutiles, au moins insuffisants ; tandis que l'île de la Réunion engageait à Madagascar et surtout dans l'Inde 35,000 travailleurs, la Martinique et la Guadeloupe ne pouvaient en obtenir à grand'peine que 6,000 sur 15,000 qui leur avaient été promis. Tout en espérant que les difficultés sans nombre qui ont surgi, et dont le résumé a été écrit dernièrement encore par M. Pelletier de Saint-Remy, finiront par s'aplanir devant la persévérance du gouvernement, il ne faut pas oublier que nos colonies possèdent une population ancienne qui peut rendre de grands services si l'on sait en tirer parti. Cette population, sortie à peine de l'esclavage, portée naturellement à la paresse, ayant généralement peu le sentiment de la famille et des devoirs qu'elle impose, a besoin d'une main ferme qui la dirige dans la voie difficile, et nouvelle pour elle, de la liberté (1), et l'effet d'une

(1) Voici la proportion de la population comparée à celles de la France et de l'Angleterre.

	ANGLETERRE.	FRANCE.	MARTINIQUE.
Territoire. . .	13 000,000 hect.	53,000,000 hect.	198,000 hect.
Population. . .	16,000,000 hab.	36,000,000 hab.	129,000 hab.
Proportion . .	1.24	0.67	0.66.

4

pareille direction sera de rendre des bras à l'agriculture.
Une grande partie de la question coloniale est là. C'est
ce qu'avait si bien compris le contre-amiral comte de
Gueydon, dont l'administration a, sous ce rapport, fait
faire de si grands progrès à la Martinique.

. Il fallait, par l'obligation du travail ou le travail
forcé, créer un intermédiaire entre le travail esclave et
le travail libre. L'homme qui n'a d'autres moyens d'existence que son travail peut travailler où il veut, peut
choisir son travail mais il est forcé de travailler; voilà
le point de départ. Cela n'est pas légal, mais c'est une
situation transitoire et nécessaire à une société qui passe
en un jour, en un instant, des ténèbres profondes à l'é-
clatante lumière, de l'esclavage à la liberté complète.
La liberté est une arme à deux tranchants, dont le maniement difficile ne s'apprend qu'à la longue, et qui se
tourne contre les peuples qui veulent la saisir avant
d'être assez forts pour la porter, et assez habiles pour la
manier.

Transformer une population paresseuse et indolente et
lui donner l'habitude du travail, tel a été le but poursuivi
pendant trois ans par M. de Gueydon, qui a employé
pour y arriver un ensemble de moyens, apparaissant au
premier abord dans chaque administration comme des
faits isolés, et formant en réalité un tout, conduit par
une volonté active et énergique.

La première chose à faire était la législation qui présentait de grandes difficultés, en ce sens qu'elle devait être
appliquée et surveillée principalement, non par des agents

de l'autorité, mais par les propriétaires d'habitations
eux-mêmes ; il fallait donc avant tout qu'elle fût ex-
primée de manière à rendre impossible toute fausse in-
terprétation, et en second lieu qu'elle fût exécutable,
et qu'elle n'imposât pas aux habitants de trop lourdes
charges, auxquelles ceux-ci auraient pu facilement op-
poser la force d'inertie. La chose n'était pas si facile
qu'on pourrait le croire, au premier aspect, car je me
souviens d'avoir vu dans la suite un projet de réglemen-
tation semblable, qui, s'il avait été appliqué à la lettre,
aurait eu pour effet de faire passer à tous les habitants
de la colonie une certaine partie de l'année dans les prisons de la ville. Il y avait un article entre autres qui au-
torisait l'administration à fixer arbitrairement le nombre
de domestiques que chaque habitant, soit de la ville soit
de la campagne, pouvait avoir pour son service personnel ; toute contravention était punie d'abord d'une
amende et en récidive *de la prison*. Ceci était proposé
sur un territoire français, en l'an de grâce 1857, par
des hommes réputés très-capables en matière d'administration.

Mais revenons à M. de Gueydon. Sa législation partait,
comme nous l'avons dit, de ce principe que tout homme
qui ne possédait pas de ressources personnelles était obligé
de travailler ; et pour justifier de son travail il devait
porter un livret signé du patron ou du propriétaire qui
l'employait, faute de quoi il se trouvait en état de vagabondage. De plus les propriétaires d'habitations étaient
tenus d'inscrire sur un registre, qu'ils devaient présenter
à toute réquisition de la gendarmerie, les noms des tra-

vailleurs qu'ils employaient et qui devaient être réellement présents sur l'habitation.

Il serait trop long d'entrer ici dans tous les détails de ce décret, qui, de l'avis unanime des habitants de la Martinique, a réorganisé le travail dans cette colonie, et qui était accompagné d'une autre mesure fiscale en apparence, mais destinée, en réalité, à l'appuyer. Je veux parler de l'impôt personnel. M. de Gueydon se disait : « Les nègres ne travaillent pas, parce qu'ils ont peu de besoins à satisfaire ; ils n'ont jamais froid, se couvrent de vêtements légers, marchent pieds nus, ne boivent pas de vin, aiment mieux se loger dans des cabanes en bambous et se nourrir de racines et de fruits que de travailler pour se procurer une existence meilleure, il faut leur créer un besoin factice et ce besoin sera le payement de l'impôt. » Cet impôt avait un autre avantage, c'était celui de forcer les nègres à adopter un nom ; car avant cela ils en portaient souvent trois ou quatre dont quelquefois pas un n'était leur véritable, qu'ils ignoraient, et c'était pour eux un moyen de se livrer au vagabondage et de se soustraire à la surveillance de la police. Du moment où ils se virent obligés de payer autant de fois l'impôt qu'ils avaient pris de noms différents, ils trouvèrent que c'était un luxe un peu cher et en adoptèrent un, ce qui contribua beaucoup à rétablir l'ordre dans les registres de recensement.

Une fois la législation arrêtée il fallait établir contre les infractions qui seraient commises une pénalité qui fût non-seulement un châtiment, mais un châtiment salu-

taire. Il y avait bien les amendes, mais il était probable
que les trois quarts du temps elles ne seraient pas payées ;
la prison, mais les nègres paresseux aimeraient certainement beaucoup mieux être nourris en prison sans rien
faire que d'être libres et forcés à travailler. La pénalité
se serait donc traduite par la construction de prisons
énormes et l'inscription de lourdes charges au budget de
la colonie.

Au lieu d'une prison pour renfermer indéfiniment les
débiteurs soit d'impôts soit d'amendes pour délits de vagabondage ou autres, M. de Gueydon créa un atelier
de discipline où les délinquants payaient leurs dettes en
journées de travail et étaient punis par où ils avaient
péché. Cet atelier, établi dans le port militaire, où il y
avait à faire de grands travaux de nivellement et de
curage, envoyait aussi au dehors des corvées, conduites
par des surveillants. Les disciplinaires qui se conduisaient bien et montraient de l'ardeur pour le travail
étaient employés aux travaux les plus faciles et les plus
relevés. S'ils montraient du mauvais vouloir, n'étant
pas passibles de peines corporelles, ils étaient en-
voyés à des travaux de plus en plus durs jusqu'à ce
qu'ils voulussent bien se soumettre ; enfin, lorsqu'il
n'y avait pas moyen d'en venir à bout, on les envoyait
au cure-molle, à roue, qui ne cessait de tourner pour
enlever les bancs de coraux obstruant la passe du
carénage. Ils passaient la journée à grimper dans la
grande roue, et couchaient dans la cale du ponton
dont ils ne sortaient jamais. Généralement ils ne tar-
daient pas à trouver que tant qu'à travailler il valait

mieux le faire en plein air, en fumant leur bout de nègre, que de tourner la roue, et quand ils avaient goûté une fois de ce régime ils s'exposaient rarement à en goûter de nouveau. Avec cette organisation, la répression des délits ne coûtait rien au gouvernement et lui fournissait, au contraire, des travailleurs à bon marché. Des travaux qui auraient coûté des sommes considérables ont été exécutés par l'atelier de discipline à très-peu de frais.

M. de Gueydon ne s'en tint pas là ; il voulut employer ce même moyen, celui du travail, pour moraliser les prisonniers condamnés par les tribunaux correctionnels et par les cours d'assises. Ce projet rencontra les plus grandes difficultés : d'abord, l'opinion publique s'alarma en pensant qu'on allait, pour ainsi dire, mettre en liberté des voleurs et des assassins ; ensuite, la loi avait prononcé la peine de la prison et non celle du travail, qu'il était impossible d'imposer par la force.

Voici comment le gouverneur écarta les objections ; il ne contesta pas aux prisonniers le droit de rester en prison, mais il surveilla le régime de ces établissements, de manière qu'il ne s'introduisît aucun relâchement dans leur discipline. Il offrit alors, comme faveur aux détenus, de les faire travailler, ce qui leur procurait une sorte de liberté, le grand air, et une petite rémunération. Certes, il n'y avait là aucun despotisme, et je crois que si en France pareille offre était faite aux détenus, il en resterait bien peu dans les prisons. Dès que le travail était une faveur, au premier sujet de plainte, à la première tentative d'évasion la faveur était retirée, et la prison se refermait de nouveau sur le coupable, pour ne plus se rouvrir. En outre, l'administration était libre d'accorder cette faveur à qui elle voulait, et elle ne l'accordait, en effet, qu'aux détenus bien notés ayant fait la plus grande partie de leur peine ou à ceux condamnés pour des délits peu graves. L'opinion s'était effrayée à tort d'une idée très-bonne et très-utile, c'est ce que l'expérience ne tarda pas à démontrer.

Il y avait un projet rêvé depuis longtemps par tous les gouverneurs qui, après quelques, études, l'avaient abandonné comme impossible à réaliser. Ce projet avait pour but de donner de l'eau à la ville de Fort-de-France, arrosée seulement par une petite rivière qui, au-dessus de la ville, est un torrent incapable de fournir une quantité d'eau suffisante dans les temps de sécheresse.

M. de Mackau, reculant devant un travail plus considérable, avait cependant établi à une demi-lieue de la mer un barrage ; mais l'eau, courant dans un canal découvert, arrivait souillée de terre et sans force pour s'élever et s'approprier aux besoins de la ville. En 1853, le nouveau gouverneur fit étudier un projet ayant pour but d'aller chercher à dix kilomètres, aux pieds des pitons, les eaux d'une des principales rivières de la Martinique qui vient se jeter dans la mer près de Case-Navire, à deux lieues de Fort-de-France.

Il fallait d'abord faire le tracé au milieu de précipices à pic couverts de bois et de lianes et peuplés de ces terribles serpents qui donnent la mort en quelques heures. Le garde du génie qui, pour accomplir cette tâche dangereuse, avait été maintes fois obligé de s'at-

tacher à des arbres, regardait le travail comme impossible à exécuter avec des ouvriers du pays, quelque prix
qu'on leur offrît. « Aussi, me disait-il, lorsqu'un jour le
gouverneur me fit appeler et me donna l'ordre de com-
mencer les travaux à un point qu'il m'indiqua, je de-
mandai quels ouvriers j'emploierais? L'amiral me dit
qu'il me donnerait un atelier de prisonniers. Alors, seulement, je compris sa pensée, et j'entrevis la réussite de
l'entreprise. »

Ce travail a duré deux ans, et a nécessité des travaux
de mine énormes; il a employé, par moments, jusqu'à
cent cinquante et deux cents prisonniers, gardés par un
petit nombre de surveillants, couchant en pleine campagne, au milieu des bois, dans des cases d'habitations.
Il n'y a jamais eu de désordres. Ces prisonniers travail-
laient de bon gré; ceux qui se conduisaient le mieux
étaient chargés de la surveillance des autres, et avaient
une gratification plus forte; parfois le temps de leur
peine était abrégé, et plusieurs de ceux que le vagabondage et la paresse avaient conduits devant les tribunaux sont rentrés dans la société avec des habitudes de
travail et d'économie.

Les dépenses de la conduite d'eau avaient été éva-
luées, à Paris, à 600,000 fr., et lorsque, quelques
jours avant le départ de M. de Gueydon pour France,
la population de Fort-de-France et des environs vit la
rivière de Case-Navire se précipiter toute entière du haut
du château d'eau qui domine la ville, la colonie n'avait
dépensé que 110,000 fr., et elle n'a pas dû en dépenser
plus de 40,000 pour l'achèvement complet des travaux.

Je me suis étendu à dessein sur cette partie intéressante de l'administration de M. de Gueydon pour montrer les ressources qu'un homme intelligent avait su trouver dans l'écume de la population, qui encombrait les prisons, et l'importance qu'il y a à s'occuper activement d'utiliser les habitants qui peuplent nos colonies, tout en cherchant à en amener de nouveaux par l'immigration.

Aussitôt après l'émancipation, le gouvernement avait compris que son premier devoir était de travailler à l'éducation de ces peuples qu'il appelait à la liberté, il s'était mis courageusement à l'œuvre pour les moraliser, et avait établi partout des écoles primaires gratuites. Mais c'était peut-être aller trop vite. Dans nos pays où la classe ouvrière est libre depuis longtemps, où elle est essentiellement laborieuse, où l'homme ne sait pour ainsi dire pas vivre sans travailler, il est incontestablement utile de répandre par tous les moyens possibles l'instruction élémentaire dans les masses. Mais la première chose à apprendre à des hommes quand ils ne le savent pas, c'est qu'il faut travailler. C'est la grande loi de Dieu, la grande loi des sociétés, et il est à craindre que l'effet des écoles gratuites aux colonies soit plutôt de donner des habitudes de paresse à la génération nouvelle que de lui donner l'amour du travail manuel.

La plupart du temps, le nègre qui envoie ses enfants à l'école gratuite n'y voit qu'un moyen de s'en débarrasser, et se préoccupe fort peu de ce qu'ils apprennent ou de ce qu'ils n'apprennent pas, tandis que s'il est obligé de donner 1 fr. par mois, par exemple, il faut qu'il se prive ou qu'il travaille davantage pour pouvoir payer cette somme, quelque minime qu'elle soit. Dès lors il tient à ce que cet argent soit employé utilement, à ce que ses enfants s'instruisent, il surveille leurs progrès. On s'est beaucoup récrié sur un décret rendu dernièrement à la Guyane à ce sujet ; il y a certainement dans ce décret plusieurs articles dont on pourrait contester l'opportunité, mais il ne faut pas vouloir appliquer aveuglément les mêmes principes à des états sociaux complétement différents. En France on a de la peine à obtenir que les paysans et les ouvriers envoient leurs enfants même aux écoles gratuites, parce que l'ouvrier a besoin de produire pour nourrir ses enfants, et que ses enfants l'aident dans son travail. S'il consent à se priver de leur secours, c'est comme s'il payait une redevance, et on n'a pas à craindre qu'il les laisse dormir sur les bancs de l'école. Aux colonies, les enfants ne coûtent pas cher à habiller ni à nourrir, et le nègre peut se passer de leur travail. Dès lors que lui importe ce qu'ils font, que lui importe qu'ils perdent quelques années à ne rien apprendre ? À la place d'écoles gratuites on pourrait établir plus utilement des écoles d'arts et métiers, qui formeraient des serruriers, des mécaniciens, des charpentiers, des menuisiers, etc. ; presque toutes les professions sont exercées par des blancs, à l'exception de celles de maçon, de menuisier et de charpentier, qui ne possèdent même pas assez d'ouvriers, car on est à la discrétion de ceux qui veulent bien travailler, et on les paye très-cher. Cependant les hommes de couleur sont très-adroits lorsqu'ils veulent s'en donner la peine et qu'ils trouvent l'occasion d'apprendre.

Au point de vue de la moralisation de la population, et en dehors des mesures administratives, ce qui me paraît le plus utile, je dirai même le plus nécessaire, c'est la formation d'un clergé qui puisse exercer une influence active sur les populations, et y jeter les fondements d'une religion vraie et solide. Les nègres ne sont pas impies, au contraire, mais ils sont superstitieux, changeants, obéissant facilement à tous leurs penchants matériels.

Les évêques font tous leurs efforts pour remplir leur mission, ils se vouent corps et âme à ces populations qui accoururent en foule sur la plage pour recevoir leur bénédiction, lorsqu'ils abordèrent, pour la première fois, dans leurs diocèses; mais le clergé, accablé de fatigues trop grandes, et décimé sans cesse par les épidémies, est insuffisant, et les évêques manquent d'éléments pour former des prêtres, car la population des colonies leur a jusqu'ici à peu près fait défaut. Pour remplir les séminaires qu'ils ont tenté d'établir, et qui leur coûtent très-cher, ils sont forcés d'avoir recours à la France. La France est divisée en diocèses, dont les prélats n'aiment pas à se priver de prêtres qu'ils se sont donnés la peine de former, et ceux auxquels ils consentent à donner l'exéat ne sont pas généralement ceux auxquels ils tiennent le plus.

A Cayenne, où il n'y a qu'un préfet apostolique, la colonie (je ne parle pas des pénitenciers qui ont pour aumôniers des jésuites), la colonie, dis-je, est desservie principalement par la congrégation des maristes, et ce système a le grand avantage de permettre de combler immédiatement les vacances, et d'avoir toujours un clergé au complet. La congrégation forme, en France, une réserve toujours prête à remplacer les combattants qui succombent, et ceux qui ont besoin de venir retremper leurs forces sur le sol natal. Pendant six mois, à la Martinique, la paroisse de Fort-de-France, qui comprend un territoire de trois lieues de diamètre, n'eut pour la desservir que deux prêtres, dont le plus âgé avait au plus 35 ans. Le curé était parti pour France très-malade, et avait été remplacé, pour l'administration et la direction, par l'aumônier de l'hôpital militaire. Dans la même semaine, trois curés de campagne étaient morts de la fièvre jaune, il avait fallu prendre le plus âgé des prêtres de la paroisse pour combler un de ces vides. Depuis le matin jusqu'au soir, ces malheureux prêtres étaient en course. Après avoir accompli les devoirs forcés de leur ministère, messe, bréviaire, catéchisme, baptêmes, mariages, visites des malades, enterrements, confession, quel temps leur restait-il pour assister leurs paroissiens, pour causer avec eux, pour les exhorter au bien ou les préserver du mal, pour engager l'un à bien élever ses enfants, pour conseiller à l'autre de travailler devantage, afin d'économiser pour les mauvais jours? Et qui donc peut faire cela s'il n'y a pas de prêtres pour le faire? Est-ce le gouverneur dans ses proclamations à peine lues? Le magistrat qui punit? Le négociant qui achète et vend ses sucres? Non, car ils ont bien autre chose à penser, et ces conseils il faut les répéter sans cesse aux nègres, qui sont changeants, oublient le lendemain et ne veulent plus, ce qu'ils voulaient la veille. Que veut-on obtenir d'eux? Qu'ils travaillent. Eh bien, l'élément le plus puissant pour pousser au travail est dans la famille, dont l'esclavage n'a que trop éteint le sentiment chez les nègres. Des esclaves peuvent-ils savoir ce que c'est que la famille? En ranimant ce sentiment chez eux, on les amènera à travailler, et ce sont les prêtres qui peuvent, le plus efficacement, être employés à cette œuvre de régénération, mais il faut que les prêtres soient des missionnaires et des apôtres, qu'ils ne soient pas accablés par ce que j'appellerai le service courant de leur ministère, et qu'il leur soit possible de répandre au sein des populations, cette religion qui, même au point de vue économique, est le levier le plus puissant de moralisation et de progrès.

Dans ce paragraphe nous n'avons pas cherché à nier la pénurie de bras qui se fait sentir dans nos colonies, nous avons fait des vœux pour la prospérité de l'immigration, et nous avons en même temps étudié les moyens par lesquels il serait possible d'employer cette force considérable qui n'est pas suffisamment utilisée, puisque la Martinique, en particulier, est proportionnellement presque aussi peuplée que la France. Mais il y a un autre moyen de suppléer au défaut de bras, moyen qu'emploie la France et surtout l'Angleterre, qui a une population souvent gênante pour elle, et dont, cependant, les campagnes manquent aussi de bras. Ce moyen consiste dans l'emploi de l'industrie à l'agriculture. Depuis quelques années le drainage qui a pris un développement considérable aux Antilles a amélioré bien des terres et épargné probablement bien des journées d'ouvriers. Les expositions d'instruments aratoires perfectionnés tendront aussi à répandre une culture plus économique. Non-seulement les nouvelles charrues qui demandent moins de force motrice; mais les fouilleuses, par exemple, pourraient probablement rendre de grands services dans les défrichements. Il me semble qu'en l'absence des bras, attendus de l'Inde, qui peuvent manquer pendant longtemps encore, et qui, même lorsqu'ils arrivent, coûtent très-cher, les grands propriétaires d'habitations qui ont déjà réalisé tant de progrès importants depuis quelque temps gagneraient à entrer complétement dans cette voie, en cherchant à combiner des machines propres à remplacer une partie du travail manuel, sans augmenter le prix de revient du sucre.

VII.

Nous arrivons enfin à la dernière question qui inté-
resse l'agriculture.

La question des débouchés, qui, pour les denrées coloniales , a si souvent occupé l'opinion en France et qui
a fait naître de si longues discussions, se présente de
nouveau en ce moment, plus vivante, plus embarrassante
que jamais. Comment sera-t-elle résolue ? Probablement
comme elle l'a été en août 1839 et en mars 1852.

Les colonies françaises ne peuvent envoyer qu'en
France les produits de leur sol ; ceux-ci n'ont donc pas
en réalité d'autres débouchés que la consommation française où ils rencontrent dans le sucre indigène un ter-
rible concurrent. De 1857 à 1858, la production du sucre
de betteraves s'était élevée à 111,600,000 kil. ; les importations du sucre colonial à 93,600,000 kil., plus 57 millions de sucre étranger y compris le stock des entrepôts

existants à la fin de l'année; total 262,200,000 kil. La consommation avait été dans la même année de 175 millions,[plus 33 millions de kil. d'exportation, total 208 millions de kil., restent en excédant 62,200,000 kil. au commencement de l'année 1858. De cet état de choses qui n'a fait qu'empirer depuis, il résultera nécessairement, ou que le gouvernement prendra des mesures pour développer la consommation du sucre, ou que, les choses restant dans le même état, le sucre se dépréciera et la production diminuera.

La France ne consomme pas 5 kil. de sucre par tête, et cette consommation ne porte guère que sur un tiers de la population. Or, d'après les documents que nous trouvons dans un mémoire publié par la chambre de commerce de Nantes; les États-Unis consommeraient 20 kil. par personne; l'Angleterre, 14 kil.; les Pays-Bas, 14 kil.; le Piémont, 9 kil.; la Belgique, 8 kil. Il est vrai, que dans quelques-uns de ces pays, le vin qui manque est remplacé par des boissons sucrées. Néanmoins, en jetant les yeux sur les tarifs douaniers de ces différents pays, nous trouvons qu'aux États-Unis les droits d'entrée sont de 30 pour 100, mais, vu la production indigène, ils tendent à empêcher la concurrence étrangère. Ces mêmes droits sont en Angleterre, 28 fr. 70 c. et 25 fr. 88 c.; en Hollande, 28 fr. 62 c. droit d'accise; en Piémont, 18 et 16 fr.; en Belgique de 4 fr. 30 c. les 100 kil.; en France, enfin, 45 fr. Ces chiffres parlent assez haut; il est évident qu'un abaissement des tarifs aurait pour effet immédiat de mettre le sucre à la portée de bien des existences qui ne peuvent

en user que comme remède. Le Trésor n'y perdrait certainement pas ; il est même probable qu'il y gagnerait.
Les classes pauvres pourraient au même prix se procurer
plus de bien-être, et les producteurs de sucre ne seraient
pas sans cesse sous le coup d'une dépréciation de leurs
marchandises (1). L'Angleterre a vu presque doubler sa
consommation en douze ans sous l'influence du dégrèvement.

Le dégrèvement et l'extension de débouchés qui en
résulterait ne suffiraient pas encore pour venir au secours
de la production coloniale. Car si celle-ci s'accroît len-
tement et a une limite naturelle dans l'étendue du territoire producteur, il n'en est pas de même pour le sucre
indigène ; la première suffit à peine à la moitié de la
consommation de la France, tandis que la seconde, qui
n'était que de 30 millions de kilos en 1844, est arrivée à
111 millions en 1857. Si elle existait seule elle serait li-
mitée naturellement par l'extension des débouchés. Mais
elle est en concurrence avec la production coloniale dont
le prix de revient, indépendamment de son chiffre réel, est
grevé de 25 à 28 fr. de frais de transport par 100 kil. et qui,
par conséquent, doit arriver sur le marché de la métropole,
le seul qui lui soit ouvert, dans des conditions beaucoup
moins favorables que le sucre indigène. Il en résulte que
celui-ci serait seul à profiter de l'extension des débouchés
produite par un abaissement des tarifs. Il est évident que
si deux marchandises sont offertes à des prix différents, celle qui coûte le moins cher doit chasser l'autre,

____

(1) Dans les six premiers mois de 1858, la baisse des sucres avait
produit une augmentation de 21,000,000 dans la consommation.

surtout si elle peut être produite en assez grande quantité pour alimenter à elle seule la consommation.

En 1843, le gouvernement avait proposé de détruire l'industrie du sucré de betterave. Il est maintenant impossible de s'arrêter à une pareille pensée. La culture de la betterave sucrière, outre les bénéfices considérables qu'elle assure à l'agriculture, exerce une influence si grande sur les autres produits du sol, sur l'alimentation des bestiaux, sur l'état général des parties de la France où elle est cultivée, qu'il est impossible de ne pas voir en elle une industrie essentiellement nationale, et destinée à un grand avenir. Mais il ne faut pas oublier que la canne à sucre est la seule production de nos colonies. Anciennement, celles-ci fournissaient au commerce des productions plus variées; quelles que soient les causes qui ont opéré ce changement, il faut qu'elles soient réelles, car jusqu'ici, le gouvernement a fait de vains efforts pour rétablir les anciennes cultures. C'est un fait que jusqu'à nouvel ordre on est forcé d'admettre, et si la canne à sucre cesse de pouvoir être cultivée dans nos colonies, par quoi sera-t-elle remplacée? Contre quoi s'échangeront les 80 millions de marchandises que la France envoie dans ses colonies d'outre-mer? Que deviendront les navires qui les portent, et qui forment un total de 250 mille tonneaux, c'est-à-dire 1/12 du commerce total sous pavillon français? Que deviendront les matelots qui arment ces navires, au nombre de près de 10,000? Que deviendront tous les capitaux immobilisés dans les colonies, et qui ne peuvent avoir d'autre emploi que la production du sucre de cannes?

Il faut que le sucre indigène vive, il faut qu'il prospère et qu'il se développe ; mais il faut aussi que le sucre colonial ait une part égale de progrès.

Le premier des moyens à employer pour arriver à ce but, vient d'être indiqué dans la lettre de l'Empereur au ministre d'État. Il consiste dans le développement de la consommation nationale par l'abaissement des impôts grevant ces denrées, qui ne devraient plus être considérées comme objets de luxe, mais comme denrées de première nécessité. Cela ne suffit cependant pas encore, car s'il y a inégalité manifeste entre ces deux productions, dont l'une naît sur le marché même, tandis que l'autre doit traverser les mers pour s'y rendre, dont l'une a, à sa portée, tous les perfectionnements, tous les capitaux qui peuvent diminuer son prix de revient, tandis que l'autre se procure difficilement les uns et les autres, quelle que soit la différence qui existe entre les prix de revient des deux productions, il est incontestable que la France, si elle tient à l'existence de ses colonies, doit tenir compte de cette différence dans l'établissement de l'impôt.

Nota. — Il y a, dans les ouvrages qui traitent du prix de revient des sucres, des différences profondes sur les évaluations de ces prix de revient. Nous trouvons le passage suivant dans l'ouvrage de M. Dureau, sur la fabrication du sucre de betterave :

« Suivant M. Dumas, le prix de revient oscille entre 70, 73, 76 ou « 80 cent. le kil... Dans les colonies, les différences de prix de re-« vient sont encore plus tranchées ; le quintal de sucre revenait il « y a quelques années à 15 shillings à la Trinité, à 22 à la Jamaïque, « à 25 à Demerary. Nous pensons que des planteurs vendant leurs » produits 25 fr. *au port d'embarquement de la colonie* n'auraient « pas plus de bénéfices que le fabricant de sucre indigène livrant sa « bonne quatrième à 30 fr. en gare de Lille ou de Valenciennes. »

Pourquoi, en outre, comme le demande M. Dureau, dans son ouvrage, sur la fabrication du sucre de bettérave, ne pas permettre aux colonies de raffiner leur sucre, comme elles le faisaient anciennement, et de

---

Il n'y aurait donc, d'après cette opinion, qu'une différence de 5 fr. dans les prix de revient en faveur du sucre colonial.

D'un autre côté, en prenant le prix de 75 c. ou 75 fr. les 100 kil. comme moyenne du prix de revient, il est à remarquer que ces 100 kil. ont été produits par 2,000 kil. de betterave qui ont donné 700 kil. de pulpe au prix de 26 fr. 60 c. les 1,000 kil., c'est-à-dire 18 fr. 62 c.. Le prix de revient réel se trouve ramené à 57 fr. environ : selon M. Payen, ce prix de revient serait de 60 fr.

Ce chiffre, qui concorderait assez avec l'appréciation de M. Dureau que nous avons citée plus haut, semble indiquer qu'en établissant le prix de revient de 75 les 100 kil.; M. Dumas n'avait pas déduit le prix des matières utilisées, sans quoi ce chiffre serait évidemment exagéré. Il doit se diviser en deux parties, la première qui revient à l'agriculture, la seconde qui revient au fabricant. Celui-ci achète dans les circonstances ordinaires 16 fr. les 100 kil. de racines; or suivant M. Basset, le rendement moyen de terres convenablement cultivées est de 60,000 kil. à l'hectare, ce qui fait un total de 960 fr., dont il faut déduire 324 fr. de frais de culture et d'intérêts des capitaux. Il reste au cultivateur un bénéfice net de 636 fr. par hectare. En calculant sur un rendement de sucre égal à 5 %, un hectare produirait 3,000 kil. de sucre, ce qui imposerait à la fabrication un prix de 32 fr. et donnerait à l'agriculteur un bénéfice net de 11 fr. par 100 kil.; il resterait encore 25 fr. pour frais de fabrication, sans compter les mélasses qui se vendent 10 fr. les 100 kil.

D'après M. Payen et M. Dureau, quelques-uns de ces chiffres, le rendement par hectare par exemple, seraient exagérés, mais il ne faut pas oublier qu'en France, où le sol peut recevoir beaucoup de cultures diverses, il est utile que les betteraves sucrières ne soient cultivées que dans les terrains les plus propres à cette culture, tandis qu'aux colonies presque tous les terrains ne peuvent produire, au moins jusqu'à preuve du contraire, d'autre plante que la canne. Il

l'exporter où bon leur semble sous pavillon français. Si par suite de la situation qui leur sera faite sur le marché métropolitain, les sucres coloniaux peuvent s'y présenter sans désavantage, il n'y a aucune raison pour qu'ils n'y arrivent pas; dès que ce marché sera encombré, ils iront ailleurs, et laisseront la place au sucre indigène qui y trouvera son avantage. S'il est injuste de faire payer au consommateur les primes accordées sans utilité réelle à une industrie, n'est-il pas aussi injuste d'imposer à celle-ci un prix factice au profit du consommateur?

Dès que, par ces moyens, l'équilibre serait rétabli entre les deux industries, jadis rivales, il n'y aurait plus aucune raison, aucun intérêt à interdire l'exportation du sucre indigène; l'une et l'autre y gagneraient, et le développement de leurs productions les mettrait à la portée de toutes les classes de la population.

---

est donc naturel d'adopter, pour la production de la betterave, une moyenne prise parmi les cultures placées dans de bonnes conditions.

Quant à la canne, sa production par hectare varie de 2,500 à 4,000 kil. dans les circonstances ordinaires, et en prenant 25 fr. pour prix rémunérateur de 50 kil. de sucre, le chiffre de 23 fr. 50 c. adopté par la commission de la chambre des députés en 1843, étant évidemment trop faible depuis l'émancipation, nous arrivons au chiffre de 50 fr. rendu sur le quai de la colonie et à 75 fr. ou à 73 fr. 50 c. au moins en réduisant à 23 fr. 50 c. les frais de transport pour les Antilles. D'après ce calcul, le sucre arriverait sur le marché métropolitain grevé d'un prix de revient excédant de 10 fr. 50 c. celui du sucre indigène. C'est cette différence qu'il est de toute justice de combler dans une certaine proportion pour établir un équilibre réel et mettre les deux industries dans les mêmes conditions, au moins jusqu'à ce que la situation économique de nos colonies des Antilles leur permette d'obtenir de la canne un rendement plus élevé.

VIII.

Chacune des questions que nous venons d'examiner, principalement dans la seconde partie de cette étude, exigerait des développements considérables. Notre but n'étant pas de faire ici un ouvrage complet, nous nous sommes borné à ce qu'on pourrait appeler un sommaire de la question, une table des matières indiquant la voie qui nous paraît la meilleure à suivre. Il ne nous reste plus qu'à appeler l'attention de nos lecteurs sur un fait qui a une portée énorme par l'influence qu'il exerce sur tout ce qui se passe dans les colonies. La plus grande partie des mesures adoptées par la métropole sont ou sollicitées, ou appuyées, ou au moins discutées par les gouverneurs, qui ont donc, ou devraient avoir, une influence sérieuse sur elles; ils devraient représenter les colonies qu'ils gouvernent, et défendre leurs intérêts. Est-ce, en réalité, ce qui existe et ce qui peut exister? Pour qu'un homme défende les intérêts d'un pays, il faut d'abord qu'il les connaisse et qu'il les comprenne. Il faut, en second lieu, qu'il ait intérêt à les défendre.

Les gouverneurs de nos colonies sont, à de rares exceptions près, choisis parmi les officiers des corps de la marine, et surtout parmi les capitaines de vaisseau, qu'on envoie là gagner leurs épaulettes d'officier général. Mais un pays ne se gouverne pas comme un navire ; l'administration d'une colonie a, en temps de paix, beaucoup plus de rapport avec celle d'une opération industrielle ou commerciale qu'avec celle d'une armée ou d'une place de guerre, et le gouverneur arrivant se trouve au milieu d'éléments nouveaux pour lui. Tous les rouages de l'administration civile, les besoins de l'agriculture, les questions de finances et d'impôts lui sont inconnus; il est entouré d'un conseil d'administration composé de cinq membres, qui ont, chacun en ce qui le concerne, à faire leur éducation, et qui, au lieu d'être dirigés par lui, sont obligés de guider ses premiers pas. Il est rare que ces fonctionnaires soient tous d'accord; il en résulte des tiraillements, et une diversité d'opinions dans laquelle le nouveau gouverneur ne peut, qu'à la longue, réunir les éléments d'une opinion personnelle. Enfin, quelle que soit son intelligence, il est obligé de travailler longtemps avant de posséder le maniement de l'instrument compliqué dont il est appelé à régler la marche, et trop souvent, au début, il doit être tenté de prononcer le *quos ego!* et de porter la main à la garde de son épée pour trancher des nœuds gordiens que de pareils moyens ne font souvent qu'embrouiller davantage.

Puis, lorsqu'il est devenu réellement gouverneur et qu'il commence à sortir du chaos, à avoir des idées arrêtées et à marcher d'un pas plus assuré au milieu des difficultés qui l'entourent, il faut qu'il quitte son gouvernement, parce que cette position de gouverneur n'est pas sa carrière; elle lui a servi à obtenir un grade, non-seulement elle ne peut plus lui être utile, mais elle lui devient nuisible en l'empêchant de remplir les conditions indispensables sans lesquelles il ne peut avancer; les règlements inflexibles lui disent: «Vous rendez de grands services au pays, qui désire vous garder, mais, si vous restez, vous n'avancerez pas.» Alors le gouverneur s'en va et est remplacé par un autre qui doit faire une nouvelle étude, et qui adopte une marche généralement différente de celle de son prédécesseur. C'est la colonie qui paye toutes ces écoles, et le gouverneur, qu'elle forme à ses dépens, n'est même plus admis, une fois qu'il est remplacé, à donner son avis sur des questions qu'il a étudiées et qu'il doit posséder à fond.

Voilà ce que sont les gouverneurs de nos colonies. Je le répète, est-il possible que, par eux-mêmes, ils aient une influence utile sur les mesures adoptées par la métropole? et quand on pense que ces gouverneurs représentent l'Empereur, qu'ils sont investis d'une autorité illimitée sur des pays placés à une distance aussi grande de la France, que la voie dans laquelle les circonstances les forcent parfois à entrer sans qu'ils puissent demander conseil à Paris, peut mettre le ministre dans l'alternative ou de désavouer son représentant, ou de le suivre dans une route fausse, on est effrayé de voir ces postes considérés comme des lieux de passage, comme des marche pieds. On est effrayé, dis-je, de voir les gouverneurs se succéder de deux ans en deux ans, ou de trois ans en trois ans, et de penser aux conséquences désastreuses qui peuvent en résulter et qui en résultent pour les colonies. D'un autre côté, on ne peut exiger raisonnablement qu'un officier brise sa carrière pour continuer une œuvre qu'il a commencée.

Que faut-il donc faire? Le métier de gouverneur n'est ni une sinécure, ni une retraite; il est rude, au contraire, use plus vite un homme que le métier de marin, et exige : santé robuste, volonté énergique, puissance de travail, activité et intelligence.

Il faut que l'homme, quel qu'il soit, investi de ces hautes fonctions, n'ait plus d'autre intérêt, d'autre ambition que celle de bien gouverner, que celle de travailler à la prospérité du pays qui lui est confié; il faut qu'il reste là huit ou dix ans; qu'il sache bien que les conséquences de ses œuvres, bonnes ou mauvaises, retomberont sur lui, et qu'il ne puisse pas se dire qu'un autre viendra débrouiller ce qu'il aura embrouillé. En quittant ses fonctions il sera à la hauteur de toutes les questions d'administration, il fera certainement un excellent conseiller d'État, un excellent directeur au ministère des colonies, même un ministre; et, dans toutes ces positions, l'ex-gouverneur continuera à rendre, par son expérience, de grands services aux colonies. Enfin, la dignité de sénateur viendra couronner une carrière qui, certes, en vaudra bien une autre.

Alors les colonies auront, dans le gouvernement métropolitain, des défenseurs éclairés sur leurs besoins réels, ayant vécu de leur existence, pouvant donner des conseils et diriger les nouveaux fonctionnaires employés pour les gouverner. On pourrait, en outre, envoyer de temps à autre, dans les différentes colonies, un délégué du ministère ou un conseiller d'État, pour faire un travail détaillé sur l'état réel des pays qu'il aurait visités.

Je le répète, cette question est une des plus importantes de celles qui concernent les colonies. Leurs conseils généraux, leurs délégués devraient, il me semble, la rappeler souvent dans les vœux qu'ils émettent, dans les avis qu'ils sont appelés à donner au gouvernement, et il n'est pas douteux que leurs réclamations ne soient écoutées.

Tout ce que nous avons dit se résume dans l'adoption des mesures suivantes.

Pour la question monétaire, qui est la plus urgente, je dirai même la plus brûlante : 1° Maintien de la démonétisation du doublon ; 2° établissement de succursales de la Banque de France et de comptoirs d'escompte, ou, s'il est impossible d'établir des succursales, transformation *très-lente* des banques actuelles en comptoirs d'escompte, les circulations des colonies ne pouvant supporter une circulation fiduciaire assez considérable pour que les avantages puissent compenser les inconvénients ; 3° création d'une monnaie locale devant remplacer les bons de caisse.

Quant au régime général des colonies :

1° Des gouverneurs conservant longtemps leurs fonctions et entrant, d'une manière quelconque, lorsqu'ils les quittent, dans l'administration métropolitaine des colonies.

2° Révision des tarifs douaniers de manière à étendre les débouchés des produits coloniaux, et de manière à établir l'équilibre entre les deux productions.

3° Utilisation de la population actuelle des colonies en la moralisant : 1° par la religion ; 2° par le travail et par l'établissement d'écoles d'apprentissage ;

4° Protection de l'immigration pour suppléer à l'insuffisance de la population ;

5° Emploi de procédés mécaniques pour suppléer aux bras qui manquent, et pour améliorer la fabrication ;

6° Adoption d'une politique qui donne confiance dans l'avenir des colonies françaises.

Toutes ces mesures auront certainement pour résultat, à la longue, de faire affluer aux colonies les capitaux qui leur manquent, d'ouvrir, par leur intermédiaire, des débouchés beaucoup plus considérables à l'industrie et au commerce de la France, et nous n'aurons plus rien à envier aux colonies anglaises, et aux services qu'elles rendent à leur métropole. Toutes ces conditions sont-elles difficiles à remplir, les moyens sont-ils difficiles à employer ?

Je ne le pense pas. Il faut seulement tendre vers le but avec une volonté ferme, avec une persévérance inébranlable. Ce sont, dans la vie des hommes, comme dans celle des peuples, les conditions sans lesquelles il n'y a pas de succès à espérer.

TABLE DES MATIÈRES.

ERRATA :

Pag. 2, lig. 21, qui la dévore, *lisez :* qui les dévore.
— 8, lig. 20, et la suspension, *lisez :* et de la suspension.
— 15, lig. 3, traites devenant, *lisez :* traites devenait.
— 23, lig. 25, Elle accepte, *lisez :* Il accepte.

Paris. — Imprimé par E. Thunot et Cᵉ, rue Racine, 26.